字正腔圆

马瑞霞　主编
贺海宏　主审

中国城市出版社

河北城乡建设学校

图书在版编目（CIP）数据

字正·腔圆/马瑞霞主编. —北京:中国城市出版社，2019.8 (2022.1重印)
ISBN 978-7-5074-3117-9

Ⅰ.①字… Ⅱ.①马… Ⅲ.①汉字－基本知识 ②普通话－水
平考试－自学参考资料 Ⅳ.①H1

中国版本图书馆CIP数据核字(2019)第144655号

　　本书从中职建筑类学校的教学实际出发，本着弘扬中华优秀传统文化、提高学生文化素养的原则编写。
　　本书包括汉字、成语和普通话测试三篇内容。汉字篇囊括了建筑专业常用词语、单招和对口升学常考词语、生活中常见易读错词语三部分内容。学生漫步于汉字文化长廊，感悟汉字神韵，品味建筑之美。成语篇汇集了诗文成语、典故成语、生肖成语、建筑成语、数字成语和趣味成语等内容。走进成语大观园，领略中华文化的微缩景观，采撷民族文化的智慧之花。普通话篇则简单介绍了普通话水平测试的要求。
　　《字正·腔圆》书名寓意深远，意在号召同学们写规范字，说普通话。本书可以作为中职建筑专业学生的拓展教材，也可以作为汉字听写大赛、成语大赛及普通话水平测试的参考用书。

责任编辑：朱首明　李　阳　陈冰冰
责任校对：姜小莲

字正·腔圆

马瑞霞　主编
贺海宏　主审

＊

中国城市出版社出版、发行 (北京海淀三里河路9号)
各地新华书店、建筑书店经销
北京建筑工业印刷厂制版
北京圣夫亚美印刷有限公司印刷

＊

开本：787毫米×1092毫米　1/16　印张：8¾　字数：145千字
2019 年 8 月第一版　2022 年 1 月第三次印刷
定价：**27.00**元
ISBN 978-7-5074-3117-9
　　　　　(904171)

编审委员会

前言

　　"一横长城长，一竖字铿锵，一画蝶成双，一撇鹊桥上，一勾游江南，一点茉莉香。"笔画笔顺传画意，汉字墨香飘雅韵，这就是汉字的力量！

　　汉字，是中华文化的根，是中华民族的魂！守护汉字，任重而道远；传承文明，我们义不容辞。为此，我们开设了汉字课堂，邀请同学们成为汉字的守护者，带领同学们漫步在汉字的世界里，感悟汉字神韵，领略建筑之美。为此，我们举办了汉字听写大赛，为莘莘学子搭建起一座展示才华的文化平台。作为语文教师，我们愿掬汉字之泉，灌莘莘学子之心；愿尽绵薄之力，唤起大家对汉字的"敬畏之心"。

　　余光中先生说："中华文化就是一个很大的圈，圆心无处不在，圆周无迹可寻，中文就是它的半径，中文走得越远，圆就越大。"一花一世界，一字一乾坤。每一个汉字，都散发着灵动的气息；每一个成语，都蕴含着博大精深的民族文化。星"汉"灿烂，跨越千年，只为今天与你我相遇。

　　同学们，行动起来吧，别让汉字在我们的笔尖上变得生疏，别让汉语变成我们最熟悉的陌生人。来吧，同学们！来赴一场文化盛宴，以你之名，守护汉字；来吧，同学们！在书写中显青春风采，在比赛中抒建筑情怀！

　　汉字，是世界上最有意蕴的文字；成语，是积淀千年的中华文化精髓；普通话，是我们中华民族最美的声音。写好规范字，说好普通话，做有内涵的中国人，说标准的中国话，字正腔圆，人生赢家！

目 录

中篇　成语篇

下篇　普通话篇

上篇

汉字篇

一

汉字情·建筑梦

（河北城乡建设学校　基础部）

　　汉字是中华民族文化的基石之一，它以方块字的骨骼支撑起华夏民族几千年的文明。建筑，是凝固的音乐，而建筑汉字则是一个个灵动的音符，描绘建筑蓝图，奏响华彩乐章的，是我们的建筑学子。

　　在教研主任马瑞霞老师的带领下，基础部语文教研室的老师们不畏艰辛，敢于挑战，努力探寻基础课与专业课对接的契合点，建立起具有城建特色的汉字听写词库，搭建起基础课为专业课服务的桥梁。自 2016 年 6 月举办语文教学成果展示——第一季汉字听写大赛后，汉字听写大赛已经成功举办了四季，在备赛过程中学生受益良多。

　　回顾汉字听写大赛的每一个镜头，每一个选手的精彩表现都是那样耐人寻味。汉字听写大赛激起师生的写字热情，让汉字教育重回课堂，让我们成为既有工匠精神，也有人文理念的城建学子，传承汉字文化，是我们的责任。

　　在筹备汉字听写大赛的过程中，我们切身体会到了城建大家庭的温暖，比赛活动得到了学校领导、督导处、设备处、信息中心和各职业群的诸多帮助，得到了各职业群负责人和班主任老师们的大力支持，在此表示真诚感谢！

　　汉字情，建筑梦。希望更多的学校、更多的班级、更多的同学参与进来，在汉字书写的过程中夯实专业基础，提升职业素养，传承中华文明。

汉字听写大赛部分获奖选手感言

一次次书写、一笔笔勾画，都留下美丽的痕迹，难忘的参赛经历！

—— 建工 12-4 班　沈世伟　二等奖（第一季）

汉字听写大赛让我们认识到汉字文化的博大精深，重新寻找在键盘中失落的汉字让我收获匪浅，希望汉字比赛能一直举办下去，而且越办越好！

—— 造价 12-1 班　黄娅楠　二等奖（第一季）

汉字听写大赛成绩虽然不尽我意，但起码我也为此拼搏过、奋斗过。只要努力了就不会后悔。相信未来的我一定会感激现在奋斗的自己！

—— 测量 15-1 班　刘光伟　二等奖（第一季）

有幸参加城建的第一次汉字听写大赛，这是我上学以来第一次参加学校活动，也是第一次拿奖，这对我的人生意义很大！

—— 市政 15-1 班　刘盼　三等奖（第一季）

第一季汉字大赛，我踊跃参加了，虽然只获得三等奖，但是奋斗过程是美好而难忘的；第二季我又来了，而且获得了一等奖，感谢老师的鼓励和自己的坚持！

—— 装饰 15-2 班　吴俊　一等奖（第一、二季）

很幸运，参加了两季汉字大赛，都入围36强，备战的过程虽然辛苦，但收获了知识，收获了成长，真诚地感谢老师！

—— 施工 16-6 班　何研　一等奖（第二、三季）

三次参加汉字大赛，都获得一等奖，好幸运，真努力！相信自己，坚持不懈，你也能行！

—— 施工 17-6 班 李晚露 一等奖（第二、三、四季）

一分耕耘，一分收获，努力到无能为力，拼搏到感动自己！

—— 施工 17-3 班 李同振 二等奖（第三、四季）

如愿闯进 36 强，进入决赛。感谢不断鼓励我的老师和同学们，备战汉字大赛让我不仅领略了汉字文化，也明白了勇于尝试才有可能获得成功。

—— 经管 17-1 班 岳欣 三等奖（第四季）

不忘初心，融古通今，备战大赛，砥砺前行。

—— 安装预算 17-1 班 齐彬智 二等奖（第四季）

进入汉字大赛决赛，我感到十分荣幸。奋斗的青春最美丽，我会不断超越，不断进步。

—— 施工 18-8 班 丁亮 三等奖（第四季）

汉字，古老而美丽。她裹挟着历史的风尘，与我们相遇。感谢各位老师的帮助与鼓励，也感谢努力的自己。

—— 高造价 18-2 班 吕子璇 二等奖（第四季）

汉字是神州大地五千年历史文化的积淀，这次参赛让我受益匪浅，愿汉字听写大赛越办越好，愿城建文化源远流长。

—— 高造价 18-1 班 华佳晨 二等奖（第四季）

翰墨寄真情

　　亲爱的同学们，行走在汉字认读书写的道路上，你并不孤单！你瞧，我们学校领导、职业负责人老师，还有指导你们认读识记的语文老师都挥毫写寄语，翰墨寄真情。他们的寄语里饱含了对你们的希望和祝福，寄托了对你们的鼓励和期待！

　　愿这些温暖而有力量的殷殷祝福和热诚希望能化作大家向上的动力，愿同学们人人尽展其才，每天都成长在进步的路上！

　　在避风的港湾里，找不到昂扬的帆；望洋兴叹的人，永远达不到成功的彼岸！幻想者头脑里只有空中楼阁，实干家胸中才有摩天大厦。汉字认读，别无诀窍，唯一的秘诀就是简单的事情重复做，重复的事情认真做！同学们，行动吧！认读汉字，从现在开始；坚持书写，你将卓尔不群！

四

汉字听写大赛寄语

1. 扬中华文化，立大国工匠。

—— 校长　贺佰宏

2. 扬汉字传统文化，展城建学子风采。

—— 副校长　胡增周

3. 汉字有多美，中国建筑就有多美！希望同学们热爱汉字、热爱我们所学的专业，做传递文明的使者。

—— 副校长　张春侠

4. 师生携手共进步，翰墨文化雅校园。

—— 副校长　何增虎

5. 彰显城建汉字特色，打造语文教学品牌。

—— 校长助理　付路军

6. 汉字传承文明，经典浸润人生。

—— 办公室主任　李锦毅

7. 汉字听写大赛，提升了素养，收获了知识！

—— 督导处处长　田耕

8. 赴文化盛宴，品汉字之美。

—— 教务处处长　陈志会

9. 汉字流传中华血脉，撇捺书写天地人生。祝愿我校汉字听写大赛越办越好！

—— 党群处处长　柳书峰

10. 字词里聆听千秋文明，笔画间书写美好前程。

—— 德育中心主任　王健

11. 夯实文字功底，弘扬民族文化；提高人文素养，传承中华文明！

—— 装饰系主任　姜波

12. 没有白费的努力，也没有碰巧的成功。努力备战，点滴努力，都会绚烂成花。

—— 城建系主任　许志平

13. 体味中国建筑文化的博大精深，探索汉字文化的奥秘与精华。在大赛中尽情展示青春风采，在拼搏中努力追逐美好未来！

—— 建工系主任　张玉威

14. 提升职业素养，助力专业成长，双赢！

—— 工程管理系主任　桑辉

15. 书中华汉字之情怀，筑城建梦想之未来！

—— 信息中心主任、BIM 技术职业方向负责人　刘娜

16. 规矩方圆，尽在书写中！

—— 实训室主任、工程造价土建预算职业方向 B 负责人　董学军

17. 翰墨书写传文化，国韵生香育英才。

—— 党群处副处长　齐岷

18. 在城建课堂收获真知技能，用优美汉字书写自强人生！

—— 城建系副主任、城市综合管理职业方向负责人　赵盛

19. 愿所有同学以汉字大赛为契机，提升自己的语文素养，写正确中国字，做向上中国人！

—— 建工系副主任、工程检测与结构加固职业方向负责人　尚敏

20. 书写城建汉字，弘扬文化，助力专业。

—— 工程管理系副主任　常建业

21. 一笔一画书写笔直方正汉字，一点一滴提升综合文化素养。

—— 装饰系副主任、计算机平面设计职业方向负责人　陈瑞涛

22. 写魅力方正汉字，做匠心城建学子。

—— 信息中心副主任、计算机网络技术职业方向负责人　杨磊

23. 汉字是中国文化之根，书写汉字，传承中国文化。

—— 项目管理职业方向负责人　崔葛芹

24. 一笔一画写汉字，一板一眼做工程。

—— 绿色建筑与节能职业方向负责人　李庆肖

25. 用心学习一技之长，静心书写汉字之美。

　　　　　　　　　　　　—— 质量管理职业方向负责人　刘晓立

26. 汉字传承中华文明，书写弘扬中华文化！

　　　　　　　　　　　　—— BIM 职业方向负责人　孙翠兰

27. 爱汉字，爱汉语，爱中国文化！

　　　　　　　　　　　　—— 建筑工程施工职业方向负责人　刘宇

28. 积薄而为厚，聚少而为多。

　　　　　　　　　　　　—— 装配式建筑施工职业方向负责人　王军霞

29. 千淘万漉虽辛苦，吹尽狂沙始到金。无论遇到多大困难和诱惑，你都要付出行动，坚持学习，每天进步一点点，你会有不一样的收获！相信自己，加油！

　　　　　　　　　　　　—— 造师培养职业方向负责人　张淑敏

30. 汉字与建筑，最好的遇见！

　　　　　　　　　　　　—— 工程测量职业方向 A 负责人　郭光耀

31. 书写方正汉字，测量大地乾坤。

　　　　　　　　　　　　—— 工程测量职业方向 B 负责人　李勇利

32. 一笔一画字铿锵，城建少年神飞扬。

　　　　　　　　　　　　—— 市场营销职业方向负责人　安芳

33. 与汉字同行，扬中华文化，提自身素养！

　　　　　　　　　　　　—— 机电一体化职业方向负责人　张利华

34. 耳边常伴汉字声，心中永存工匠情。

　　　　　　　　　　　　—— 城市轨道维护与管理职业方向负责人　张亚辉

35. 以梦为马，诗酒趁年华。

　　　　　　　　　　　　—— 市政工程施工与检测职业方向负责人　李子靖

36. 百尺竿头，更进一步！愿汉字大赛越办越精彩！

　　　　　　　　　　　　—— 建筑设备安装施工职业方向负责人　张强英

37. 规范写字，端正做人，尽情享受汉字之美！

　　　　　　　　　　　　—— 建筑设备安装预算职业方向负责人　李琳

38. 工工整整写字，堂堂正正做人。

　　　　　　　　　　　　—— 建筑工程造价土建预算职业方向负责人　陈丽茹

39. 墨香雅校园，大赛显风采！

     —— 建筑工程造价土建预算职业方向负责人　宋华

40. 用心传承文明，用行成就未来。

     —— 建筑工程造价土建预算职业方向 D 负责人　张彦

41. 汉字凝聚着古人的智慧，建筑词汇则彰显了凝固的艺术。愿同学们在汉字听写大赛中提升职业素养，做笃志博学的城建学子！

     —— 建筑工程造价招投标职业方向负责人　张红梅

42. 认读传承汉字文化，书写提升职业素养。

     —— 建筑企业会计与工程审计职业方向负责人　王泓玉

43. 匠心书写汉字，赴一场建筑文化之旅！

     —— 室内配饰设计职业方向负责人　李海清

44. 写好汉字笔画，做中华传统文化的传承者。学好建筑知识，做新时代的大国工匠！

     —— 装饰工程职业方向职业负责人　李永霞

45. 梦想的实现需要脚踏实地，备战汉字大赛，我们一起拼搏！

     —— 助理设计师职业方向负责人　孙玲

46. 努力书写，你将脱颖而出；潜心备战，你会卓尔不群。

     —— 建筑表现与建筑动画职业方向负责人　陈瑞卿

47. 宝剑锋从磨砺出，梅花香自苦寒来。

     —— 互联网工程师职业方向负责人　郑重

48. 规规范范写字，方方正正做人。

     —— 市政专业地下综合管廊职业方向负责人　樊玉新

49. 妙笔丹青，彰显中华文化。挥笔泼墨，成就精彩城建人。

     —— 计算机绘图设计职业方向负责人　尚文阔

50. 书写的过程是对意志、信念的磨砺，坚持下来，会收获不一样的自己，加油！

     —— 基础部主任　康淑岭

51. 书写魅力汉字，挖掘自我潜能，在汉字备战赛中提升自己。

     —— 基础部副主任　李胜青

52. 书写规范汉字，提高人文素养。

—— 办公室副主任　郭红英

53. 传承汉字文化，师生携手；备战汉字大赛，你我同行！

—— 语文教研室主任　马瑞霞

54. 薪火相传五千年，生生不息汉字情。

—— 语文教师　孟丽

55. 执笔写好字，秀出民族魂。

—— 语文教师　王茜

56. 弘扬汉字文化，感悟汉字魅力。

—— 语文教师　张琰

57. 读好书，写好字，做内外兼修之人；备战大赛，尽享书写之乐。

—— 语文教师　陈益

58. 方方正正写字，明明白白做人。

—— 语文教师　闫飞

59. 规范汉字书写，传承华夏文明。

—— 语文教师　牛丽

60. 书写中华汉字，彰显人文气息。

—— 语文教师　王艳霞

汉字的起源和演变

（一）汉字的起源

汉字是记录汉语的符号，也是世界上最古老的文字之一。它记载着中国源远流长的历史文化，传承着华夏文明，对中国乃至世界历史的发展都产生了深远的影响。

汉字绵延数千年，生生不息。它是华夏民族在长期的社会实践中，由于生活和交流的需要，在劳动中不断创造和发展起来的。起初，原始人类在绳子上打上数量不同或形状各异的结来表达特定的意义，这就是所谓的结绳记事。后来，远古人类在石块、石壁上依照实物描绘出来一些"象形字"或刻画一些具有文字性质的符号，这种象形图画直接孕育了人类文字的起源。渐渐地，原始图画变成了一种"表意符号"，它们在一定程度上保留了所指事物的形貌特征，可以看做是原始的中国文字。

（二）汉字的演变

从商代甲骨文到今天的楷书，汉字的形体逐渐演变。汉字的演变经历了甲骨文、金文、大篆、小篆、隶书、草书、行书、楷书等阶段（表1）。

汉字演变示意　　　　　　　　　　　　　　　　表1

	鱼	鸟	羊
甲骨文			
金文			
小篆			
隶书			
楷书			
草书			

1. 甲骨文。甲骨文起源于殷商时期，是刻在龟甲兽骨上的文字，也是目前已发现的最早的成体系的汉字。甲骨文字形的方向很不固定，至今汉字中仍有一些和图画一样的象形文字，比如"日、月、鸟、马"等文字。

2. 金文。金文是铸造在青铜器上的文字，又叫钟鼎文。商代出现，到西周时期达到鼎盛。金文结构相对稳定，风格典雅庄重，富有装饰性。

3. 大篆。西周后期，汉字发展演变为大篆，也叫籀文。大篆逐渐脱离了图画的原型，具有两个特点：一是线条化，早期粗细不匀的线条变得均匀简练。二是规范化，初步奠定了方块字的基本格局。

4. 小篆。春秋战国晚期秦国使用的文字。秦统一六国后，小篆作为标准字体通行全国，因此小篆也称为"秦篆"。小篆线条粗细均匀，结构布局讲究，具有很高的审美价值。

5. 隶书。隶书产生于战国晚期，西汉时隶书发展到了成熟的阶段，是两汉时期通行的主要字体，被称为"汉隶"。隶书字形进一步简化，将小篆弯曲的线条改为平直的笔画，同时发挥了毛笔的特点，出现了"蚕头燕尾"的波折之笔。隶书降低了古汉字的象形程度，书写起来简便自如。

6. 草书。草书形成于汉代。草书流动顺畅，一气呵成，极具有韵律和艺术感染力，主要用于起草文书和通信。草书的演变过程，大体是先有"章草"，而后有"今草"，再有"狂草"。

7. 行书。行书出现在东汉晚期。是介于楷书与草书之间的一种字体。书写较楷书更简便，辨认比草书更容易，行书以简易为宗旨，实用性强，便于流行，因此成为人们信札往返、记事作文的首选。书圣王羲之最有代表性的作品《兰亭序》被誉为"天下第一行书"。

8. 楷书。楷书也叫正楷、真书。在"汉隶"流行的同时，"楷书"处于萌芽阶段，南北朝时期逐渐成为主要字体，一直沿用至今。楷书吸取了篆书圆转笔画，也保留了隶书的方正平直，去掉了"蚕头燕尾"，字形方正严整，笔画平易圆转，更便于书写。唐代"楷书"尤为盛行，颜真卿、柳公权、欧阳询等书法家都是当时的佼佼者，他们的书法作品至今仍被人们作为学习的范例。

汉字蕴含着丰富的文化底蕴，其历经千年的演变历史也是一部波澜壮阔的华夏文明史。这古老而又年轻的方块汉字，沿用千年却历久弥新，在世界诸多文字中，华彩绽放。鲁迅先生曾说过汉字有"三美"："音美以感耳，形美以感目，意美以感心。"从原始图画发展为音、形、意、韵兼具的独特文字，汉字之美，不可言传。

建筑汉字导语、题单详解

亲爱的同学们，浏览一下汉字题单，是否有一种似曾相识的感觉？这些词语可是老师们经过精心挑选，细致分类才编辑而成的，是为同学们精心打造的。题单包括建筑专业常用词语、单招和对口升学常考词语、生活中易误读词语三部分，为了帮助大家理解，每部分词语都有详细的解读。掌握了这些词语，同学们的人文素养和专业素养会得到很大的提升。

首先要认读识记的是建筑常用词语，这些和建筑专业息息相关的词语，是专业老师们热心提供、语文老师们搜集整理的。为了提升同学们的专业素养，老师们不遗余力，希望同学们认真书写，相信只要用心动脑，勤奋的你一定会在汉字比赛中脱颖而出！题单的页脚处附有名言警句，愿这些凝聚着先贤人生智慧的哲思睿语能润泽你的心灵，启迪你的心智。

虽然题单词语几经校对，但"术业有专攻"，不当之处，还请老师和同学们包涵指正，以求日臻完善。

汉字听写大赛题单（1）

（一）建筑专业常见词语

说明：此部分内容是汉字听写大赛重点考查的内容。

1. 拱碹 [gǒng xuàn]
2. 檩条 [lǐn]
3. 木楞 [lèng] 头
4. 沿椽 [chuán] 木
5. 檐 [yán] 口
6. 挑檐 [yán]
7. 檐 [yán] 沟
8. 壁龛 [bì kān]
9. 蛭石 [zhì shí]
10. 砼 [tóng]
11. 地基
12. 楼台亭榭 [xiè]
13. 箍筋 [gū jīn]
14. 边梃 [tǐng]
15. 夯 [hāng]
16. 窗棂 [líng]
17. 淬 [cuì] 火
18. 聚苯 [běn] 板
19. 铁箅 [bì] 子
20. 釉 [yòu] 面砖
21. 坍塌 [tān tā]
22. 聚乙烯 [xī]
23. 合拢 [lǒng]
24. 塞 [sāi] 口
25. 铰接 [jiǎo jiē]
26. 裱糊 [biǎo hú]
27. 装帧 [zhuāng zhēn]
28. 荷载 [hè zài]
29. 装潢 [huáng]
30. 剖 [pōu] 视图
31. 斗拱 [dǒu gǒng]
32. 保护层
33. 渲染 [xuàn rǎn]
34. 木搁栅 [gé zhà]
35. 木楔 [xiē]
36. 砌 [qì] 筑砂 [shā] 浆
37. 螺栓 [luó shuān]
38. 凹槽 [āo cáo]
39. 椽 [chuán] 子
40. 嵌缝 [qiàn fèng]
41. 勒脚 [lè jiǎo]
42. 锚 [máo] 固
43. 筏 [fá] 形基础
44. 铝箔 [bó]
45. 密肋 [lèi] 板
46. 直锚 [máo]
47. 打桩 [zhuāng]
48. 胶粘 [zhān] 剂
49. 抹 [mò] 灰
50. 渗 [shèn] 水
51. 外飘 [piāo] 窗
52. 玄 [xuán] 关
53. 抛 [pāo] 光砖
54. 电缆 [lǎn]
55. 甲醛 [quán]
56. 竣工 [jùn gōng]
57. 工程索 [suǒ] 赔
58. 铸造 [zhù zào]
59. 雨篷 [péng]
60. 支撑 [chēng]
61. 榫卯 [sǔn mǎo]
62. 涵洞 [hán dòng]
63. 烟囱 [yān cōng]
64. 枢纽 [shū niǔ]
65. 栈桥 [zhàn qiáo]
66. 刷腻 [nì] 子

67. 油渍 [yóu zì]	68. 隧 [suì] 道	69. 勘测 [kān cè]
70. 路堑 [lù qiàn]	71. 桁架 [héng jià]	72. 扳 [bān] 手
73. 碾压 [niǎn yā]	74. 沥 [lì] 青	75. 盥洗 [guàn xǐ] 室
76. 阀门 [fá mén]	77. 挖槽 [cáo]	78. 门槛 [mén kǎn]
79. 旁站 [páng zhàn]	80. 黏 [nián] 土砖	81. 门垛 [mén duǒ]
82. 圈梁 [quān liáng]	83. 进深	84. 裂缝 [liè fèng]
85. 拱 [gǒng] 形屋架	86. 锚 [máo] 具	87. 空隙率 [kòng xì lǜ]
88. 检验批	89. 架立筋 [jīn]	90. 承重墙
91. 悬挑 [xuán tiǎo] 板	92. 轴 [zhóu] 线	93. 净高
94. 框架 [kuàng jià]	95. 封顶	96. 复式住宅
97. 跃 [yuè] 层	98. 阁楼 [gé lóu]	99. 储藏 [chǔ cáng] 室
100. 联排别墅 [shù]	101. 鸟瞰图 [niǎo kàn tú]	102. 裙 [qún] 房
103. 宫殿 [gōng diàn]	104. 散 [sàn] 水	105. 倾斜 [qīng xié]
106. 墙基 [qiáng jī]	107. 侵蚀 [qīn shí]	108. 杯形基础
109. 踢脚 [tī jiǎo]	110. 腰线	111. 屋脊 [wū jǐ]
112. 开间	113. 卸载 [xiè zài]	114. 签证 [qiān zhèng]
115. 檐廊 [yán láng]	116. 轮廓 [lún kuò]	117. 瞎缝 [xiā fèng]
118. 硅酮 [guī tóng] 胶	119. 管涌 [yǒng]	120. 锚桩 [máo zhuāng]
121. 塌陷 [tā xiàn]	122. 淤泥 [yū ní]	123. 钎探 [qiān tàn]
124. 桩靴 [zhuāng xuē]	125. 缩颈 [suō jǐng]	126. 柱箍 [zhù gū]
127. 撬棍 [qiào gùn]	128. 溜槽 [liū cáo]	129. 泌水 [mì shuǐ]
130. 坎台 [kǎn tái]	131. 污垢 [wū gòu]	132. 剔槽 [tī cáo]
133. 窗楣 [chuāng méi]	134. 镶贴 [xiāng tiē]	135. 皱褶 [zhòu zhě]
136. 浸渍 [jìn zì]	137. 浸泡 [jìn pào]	138. 蓄水 [xù shuǐ]
139. 泛水 [fàn shuǐ]	140. 酥松 [sū sōng]	141. 翘曲 [qiáo qū]
142. 钢楞 [léng]	143. 留槎 [liú chá]	144. 马牙槎 [chá]
145. 流淌 [liú tǎng]	146. 渗漏 [shèn lòu]	147. 坍落 [tān luò] 度
148. 女儿墙	149. 垭口 [yā kǒu]	150. 模板 [mú bǎn]
151. 绑扎 [bǎng zā]	152. 堵漏 [dǔ lòu]	153. 冷拔 [bá]

154. 明沟 [gōu]　　155. 构造柱　　156. 顺水条

157. 冒 [mào] 头　　158. 管道井　　159. 容积率

160. 空圈 [quān]　　161. 环刀取样　　162. 后浇带

163. 施工缝　　164. 打夯 [hāng] 机　　165. 导墙

166. 集水坑　　167. 挡土墙　　168. 井点降水

169. 流砂现象　　170. 复合地基　　171. 褥 [rù] 垫层

172. 摩擦桩　　173. 端承桩　　174. 灌注桩

175. 贯入度　　176. 充盈 [yíng] 系数　　177. 剪刀撑

178. 扫地杆 [gān]　　179. 密目网　　180. 吊篮

181. 烧结砖　　182. 安定性　　183. 填充墙

184. 除锈　　185. 焊 [hàn] 接　　186. 直螺纹套筒

187. 量度差值　　188. 下料长度　　189. 涂膜防水

190. 沉降缝　　191. 防震缝　　192. 伸缩缝

193. 灰饼　　194. 暗护角　　195. 滴水槽

196. 地源热泵　　197. 海绵城市　　198. 综合管廊

199. 被动式建筑　　200. 绿色建筑　　201. 节能减排

202. 装配式建筑　　203. 叠合楼板　　204. 拦标价

205. 结算　　206. 决算　　207. 规程

208. 标底　　209. 费率　　210. 贮 [zhù] 仓

211. 增值税　　212. 圬 [wū] 工结构　　213. 盾构

214. 墩 [dūn] 台　　215. 隧道　　216. 经纬

217. 潮汐 [cháo xī]　　218. 补偿器　　219. 地球椭 [tuǒ] 球

220. 觇牌 [chān pái]　　221. 高程基准　　222. 水准面

223. 视准轴　　224. 皮数杆　　225. 建筑面积

226. 围护结构　　227. 建筑空间　　228. 架空层

229. 架空走廊　　230. 落地橱 [chú] 窗　　231. 门斗

232. 门廊　　233. 骑楼　　234. 过街楼

235. 露台　　236. 建筑物通道　　237. 自然层

238. 操作平台　　239. 附墙柱　　240. 构筑物

夫唯大雅，卓尔不群。

241. 贮 [zhù] 水池

（二）建筑专业常见词语详解

1. 拱碹 [gǒng xuàn]：即拱券，桥梁、门窗等建筑物上筑成弧形的部分。

2. 檩 [lǐn] 条：架在房梁上托住椽子的横木。也称"桁 [héng] 条"、"檩子"。

3. 木楞 [lèng] 头：是土木结构房屋中的部件深入墙内的部分，现在只能在仿古建筑和一些老的农村建筑上看到。

4. 沿椽 [chuán] 木：又叫游沿木，搁置在地垄墙之上，用于支撑楞木的木条，用于地板的架空层。

5. 檐 [yán] 口：建筑构图中在顶部的典型地带线脚并凸的水平部件，檐高就是设计室外地坪至檐口的高度。

6. 挑檐 [tiǎo yán]：楼顶平面凸出墙体的部分，（屋顶伸出的边沿部分）主要是为了方便做屋面排水。

7. 檐 [yán] 沟：屋檐边的集水沟。

8. 壁龛 [bì kān]：墙身上留出的用来作为贮藏设施的空间。它的深度受到构造上的限制，通常从墙边挑出 0.1 ～ 0.2 米左右。

9. 蛭石 [zhì shí]：一种天然、无毒的矿物质，在高温作用下会膨胀的矿物。绝热隔声性能好，用于建筑、冶金工业等方面。

10. 砼 [tóng]：在工程设计和施工中，经常把"混凝土"三个字简写为"砼"。

11. 地基：建筑物下面支承基础的土体或岩体。

12. 楼台亭榭 [xiè]：中国的古代建筑。

13. 箍筋 [gū jīn]：建筑物中用来箍扎保固的钢筋。

14. 边梃 [tǐng]：门框、窗框或门扇、窗扇两侧直立的边框。

15. 夯 [hāng] 实：加固、巩固的意思。把土夯实是打地基的重要一环，利用重物使其反复自由坠落，对地基或填筑土石料进行夯击，以提高其密实度的施工作业。

16. 窗棂 [líng]：即窗格（窗里面横向或竖向的格）。窗棂不同于窗框，窗

欲戴王冠，必承其重。

框是窗四周的木框（铁框、铝框……）。窗棂为较正式用语。

17. 淬 [cuì] 火：把金属工件加热到一定温度后，突然浸在水或油中使其冷却，以增加硬度的一种热处理工艺。

18. 聚苯 [běn] 板：全称聚苯乙烯泡沫板，是常见的塑料泡沫，用在建筑墙体起保温作用。

19. 铁箅 [bì] 子：马路面上用于排水的小井的盖。

20. 釉 [yòu] 面砖：砖的表面经过烧釉处理的砖，烧制后有玻璃光泽。

21. 坍塌 [tān tā]：（山坡、河岸、建筑物或堆积的东西）倒下来。

22. 聚乙烯 [xī]：一种热塑性树脂，常用于制作农用、食品及工业包装用薄膜，电线电缆包覆及涂层，合成纸张等。

23. 合拢 [lǒng]：合并，合聚到一块儿。

24. 塞 [sāi] 口：门窗安装的方法。是在墙砌时留下门窗洞口，后再把门窗塞进去的施工方法。

25. 铰接 [jiǎo jiē]：用铰链把两个物体连接起来。

26. 裱糊 [biǎo hú]：用纸糊房间的顶棚或墙壁等。

27. 装帧 [zhuāng zhēn]：一部书稿在印刷之前，对书的封面、插图和制作等方面进行的艺术和工艺设计。

28. 荷载 [hè zài]：载：承载。习惯上指施加在工程结构上使工程结构或构件产生效应的各种直接作用。

29. 装潢 [zhuāng huáng]：装饰物品使美观。

30. 剖 [pōu] 视图：主要用于表达机件内部的结构形状。用一假想平面剖切物体的适当部分，然后把观察者与剖开平面之间的部分移开，余下部分的视图叫剖视图。

31. 斗拱 [dǒu gǒng]：是中国建筑特有的一种结构。在立柱和横梁交接处，从柱顶上加一层层探出成弓形的承重结构叫拱，拱与拱之间垫的方形木块叫斗，合称斗拱。

32. 保护层：最外层受力钢筋的外缘至混凝土表面之间的混凝土层。

33. 渲染 [xuàn rǎn]：中国画技法的一种。以水墨或淡彩涂染画面，以烘染物像，增强艺术效果。

不驰于空想，不骛于虚声。

34. 木搁栅 [gé zhà]：一条一条的小方木条，每隔 30～50 厘米钉在楼面上，上面再铺地板。

35. 木楔 [xiē]：木材制作的楔形物。多用于榫接时，插入榫头，提高连接的牢固程度。

36. 砌 [qì] 筑砂 [shā] 浆：将砖、石、砌块等材料经砌筑成为砌体的砂浆。

37. 螺栓 [luó shuān]：机械零件，配用螺母的圆柱形带螺纹的紧固件。

38. 凹槽 [āo cáo]：建筑施工沉井构造的一部分。

39. 椽 [chuán] 子：放在檩子上架着屋面板和瓦的条木。

40. 嵌缝 [qiàn fèng]：用砂浆或水泥把缝填实。

41. 勒脚 [lè jiǎo]：勒脚是建筑物外墙的墙脚，即建筑物的外墙与室外地面或散水部分的接触墙体部位的加厚部分。

42. 锚 [máo] 固：指钢筋被包裹在混凝土中，增强混凝土与钢筋的连接，使建筑物更牢固。

43. 筏 [fá] 形基础：由底板、梁等整体组成。建筑物荷载较大，地基承载力较弱，常采用混凝土底板，承受建筑物荷载，形成筏基，其整体性好，能很好的抵抗地基不均匀沉降。

44. 铝箔 [bó]：金属薄片。

45. 密肋 [lèi] 板：为增加板的刚度，要在板的一侧增加一些小梁。这样配筋后浇筑的钢筋混凝土板，就叫做加肋板。如果肋的条数多，则叫做密肋板。

46. 直锚 [máo]：钢筋工程专业术语，直接锚固、直线形锚固。

47. 打桩 [zhuāng]：把桩打进地里，使建筑物基础坚固。

48. 胶粘剂 [jiāo zhān jì]：也称胶黏剂、黏合剂，是一种可以将两个物体黏在一起的材料。

49. 抹灰 [mò huī]：用灰浆涂抹在房屋建筑的墙、地、顶棚、表面上的一种传统做法的装饰工程。我国有些地区把它习惯地叫做"粉饰"或"粉刷"。

50. 渗 [shèn] 水：指水从屋面、墙面或地面的细小缝隙中透过的现象。主要是由于没有做防潮、防水处理或防潮、防水处理不合格而引起的。

51. 外飘 [piāo] 窗：指房屋窗子呈矩形或梯形向室外凸起，窗子三面为玻璃，从而使人们拥有更广阔的视野。

穷则独善其身，达则兼善天下。

52. 玄 [xuán] 关：房屋进门到客厅中间的小空间。

53. 抛 [pāo] 光砖：通体砖经抛光后就成为抛光砖，硬度很高，非常耐磨。

54. 电缆 [lǎn]：具有单根或多根导线连接器或光纤的密封护套。

55. 甲醛 [quán]：一种无色易溶的刺激性气体。甲醛的主要来源有胶板、细木工板、中密度板和刨花板中的脲醛树脂挥发物。

56. 竣工 [jùn gōng]：指工程完工。

57. 工程索 [suǒ] 赔：指涉及工程项目建设中施工条件或施工技术、施工范围等变化引起的索赔。

58. 铸造 [zhù zào]：熔化金属铸模成型的技术。

59. 雨篷 [péng]：设置在建筑物进出口上部的遮雨、遮阳篷。

60. 支撑 [chēng]：顶住压力使东西不倒塌。

61. 榫卯 [sǔn mǎo]：是在两个木构件上所采用的一种凹凸结合的连接方式。凸出部分叫榫（或榫头）；凹进部分叫卯（或榫眼、榫槽）。

62. 涵洞 [hán dòng]：公路或铁路与沟渠相交的地方使水从路下流过的通道，作用和桥类似，但一般孔径较小。

63. 烟囱 [yān cōng]：烟囱的主要作用是排走烟气，改善燃烧条件。

64. 枢纽 [shū niǔ]：重要的部分，事物相互联系的中心环节。

65. 栈桥 [zhàn qiáo]：形状像桥的建筑物，用于装卸货物。

66. 刷腻 [nì] 子：将腻子刷在墙上，保证墙面平整的施工步骤。

67. 油渍 [yóu zì]：积在物体上面难以除去的油污。

68. 隧 [suì] 道：埋置于地层内的工程建筑物，是人类利用地下空间的形式。

69. 勘测 [kān cè]：测量工作的总称。

70. 路堑 [lù qiàn]：从原地面向下开挖而成的路基形式。

71. 桁架 [héng jià]：房屋、桥梁等的架空骨架式承重结构。

72. 扳 [bān] 手：常用的安装与拆卸工具。

73. 碾压 [niǎn yā]：（车轮等）滚过地面。

74. 沥 [lì] 青：一种防水防潮和防腐的有机胶凝材料。

75. 盥洗 [guàn xǐ] 室：装有盥洗、厕所设备的房间。

76. 阀门 [fá mén]：是流体输送系统中的控制部件。

天行健，君子以自强不息；地势坤，君子以厚德载物。

77. 挖槽 [cáo]：用疏通方法在水底挖出的基槽或航槽。

78. 门槛 [mén kǎn]：门框下部挨着地面的横木（或长石等）。

79. 旁站 [páng zhàn]：监理人员对关键部位或关键工序的施工质量实施的全过程现场跟班监督活动。

80. 黏 [nián] 土砖：也称为烧结砖，是建筑用的人造小型块材，黏土砖以黏土为主要原料，经泥料处理、成型、干燥和焙烧而成，有实心和空心的分别。

81. 门垛 [mén duǒ]：门两旁向前方伸出的墙。

82. 圈梁 [quān liáng]：砌体结构房屋中，在砌体内沿水平方向设置封闭的钢筋混凝土梁。

83. 进深：房屋进深是指建筑物纵深各间的长度。纵墙与纵墙之间叫进深，习惯上南北方向长度为进深。

84. 裂缝 [liè fèng]：混凝土硬化过程中，由于混凝土脱水，引起收缩，或者受温度高低的温差影响，引起胀缩不均匀而产生的裂缝。

85. 拱 [gǒng] 形屋架：由拱形上弦杆、水平下弦杆和腹杆组成外形为拱形的屋架。

86. 锚 [máo] 具：预应力混凝土中所用的永久性锚固装置，是在后张法结构或构件中，为保持预应力筋的拉力并将其传递到混凝土内部的锚固工具，也称之为预应力锚具。

87. 空隙率 [kòng xì lǜ]：建筑材料中，空隙率指散状颗粒材料在堆积体积中空隙体积占的比例。

88. 检验批：按同一生产条件或规定的方式汇总起来供检验用的，由一定数量样本组成的检验体。

89. 架立筋 [jīn]：把箍筋架立起来所需的贯穿箍筋角部的纵向构造钢筋。

90. 承重墙：指支撑着上部楼层重量的墙体，在工程图上为黑色墙体，打掉会破坏整个建筑结构。

91. 悬挑 [xuán tiǎo] 板：不是每边都有直接支撑物（柱子、实墙）的楼板，部分埋在或者浇筑在建筑结构中，另一部分伸出悬挑出结构外的是悬挑板（如悬挑的阳台、屋盖）。

92. 轴 [zhóu] 线：在建筑图纸中为了标示构件的详细尺寸，按照一般的习

百尺竿头，更进一步。

惯或标准虚设的一道线（在图纸上）。

93. 净高：工程上的净高，指的是楼面或地面至上部楼板底面或吊顶底面之间的垂直距离。

94. 框架 [kuàng jià]：是指由梁和柱以刚接或者铰接相连接而成，构成承重体系的结构。

95. 封顶 [fēng dǐng]：指的是建筑物主体结构已经完工。

96. 复式住宅：在建造上仍每户占有上下两层，实际是在层高较高的一层楼中增建一个 1 ～ 2 米的夹层。

97. 跃 [yuè] 层：跃层住宅是一套住宅占两个楼层，有内部楼梯联系上下层；一般在首层安排起居、厨房、餐厅、卫生间，最好有一间卧室，二层安排卧室、书房、卫生间等。

98. 阁楼 [gé lóu]：阁楼即指位于房屋坡屋顶下部的房间。阁楼就是楼房的空间比较高，在中间再重新制作一层阁楼楼板。

99. 储藏 [chǔ cáng] 室：用于储藏日用品、衣物、棉被、杂物等物品。

100. 联排别墅 [lián pái bié shù]：发源于英国，在欧美普遍存在。位置往往在靠近城市交通方便的郊区，高度一般不过 5 层，邻居之间有共用墙，但独门独户。

101. 鸟瞰图 [niǎo kàn tú]：用高视点透视法从高处某一点俯视地面起伏绘制成的立体图。

102. 裙 [qún] 房：指在高层建筑主体投影范围外，与高层建筑相连的建筑高度不超过 24 米的附属建筑，裙房亦称裙楼。

103. 宫殿 [gōng diàn]：帝王朝会和居住的地方，规模宏大，形象壮丽，格局严谨，给人强烈的精神感染，突显王权的尊严。

104. 散 [sàn] 水：为了保护墙基不受雨水侵蚀，常在外墙四周将地面做成向外倾斜的坡面，以便将屋面的雨水排至远处。

105. 倾斜 [qīng xié]：歪斜；偏斜。

106. 墙基 [qiáng jī]：墙的基础，指墙埋入地下的部分。

107. 侵蚀 [qīn shí]：逐渐侵害使之毁坏。

108. 杯形基础：又叫杯口基础，是独立基础的一种。当建筑物上部结构采用

框架结构或单层排架及门架结构承重时，其基础常采用方形或矩形的单独基础。

109. 踢脚 [tī jiǎo]：外墙内侧和内墙两侧与室内地坪交接处的构造。主要作用是防潮和保护墙角，也可以防止扫地时污染墙面。

110. 腰线：建筑装饰的一种做法，一般指建筑墙面上的水平横线。

111. 屋脊 [wū jǐ]：屋顶相对的斜坡或相对的两边之间顶端的交会线。

112. 开间：住宅设计中，住宅的开间是指相邻两个横向定位轴线间的距离。因为是就一自然间的宽度而言，故又称开间。

113. 卸载 [xiè zài]：拿掉（如造型工作台上或锯床上的）砖、木板或平板。

114. 签证 [qiān zhèng]：泛指签发证明。

115. 檐廊 [yán láng]：设置在建筑物底层檐下的水平交通空间。

116. 轮廓 [lún kuò]：界定表现对象形体范围的边缘线或事情的概况。

117. 瞎缝 [xiā fèng]：砖在砌筑工程中，有横缝、竖缝，并要求横平竖直，缝宽为 8 ～ 12mm，不得有通缝、瞎缝、透明缝等，有的砌筑者砌筑错误，导致不横平竖直，就用砂浆画上一条缝（一般为竖缝），这就叫假缝；砌体中相邻块体间无砌筑砂浆，又彼此接触的水平缝或竖向缝叫瞎缝。

118. 硅酮 [guī tóng] 胶：一种类似软膏，一旦接触空气中的水分就会固化成一种坚韧的橡胶类固体的材料。硅酮胶因为常被用于玻璃方面的粘接和密封，所以俗称玻璃胶。

119. 管涌 [yǒng]：在汛期高水位情况下，堤内平地发生"流土"和"潜蚀"两种不同含义的险情的统称。

120. 锚桩 [máo zhuāng]：工程中，锚桩是一种在试桩时的辅助桩，受拉力作用。一般一根试桩配四根锚桩。

121. 塌陷 [tā xiàn]：指地表岩、土体在自然或人与因素作用下向下陷落，并在地面形成塌陷坑（洞）的一种动力地质现象。

122. 淤泥 [yū ní]：淤泥及淤泥质土是在静水或非常缓慢的流水环境中沉积，并伴有微生物作用的一种结构性土。

123. 钎探 [qiān tàn]：在基础开挖达到设计标高后，按规定对基础底面以下的土层进行探察。

124. 桩靴 [zhuāng xuē]：桩尖的一种类型，亦称为桩帽，用料材质为钢板

读万卷书，行万里路。

材质。把管桩的桩端包住，用于预应力混凝土管桩基础施工。

125. 缩颈 [suō jǐng]：当载荷达到最大值后，试样的某一局部发生显著收缩的现象。

126. 柱箍 [zhù gū]：又称柱卡箍、定位夹箍，用于直接支承和夹紧各类柱模的支承件。

127. 撬棍 [qiào gùn]：一种通常是弯的铁棒或钢棒，并且有楔形工作端头，专门作撬杆或杠杆用。

128. 溜槽 [liū cáo]：溜槽一般是一节一节的，类似于引水的管子或流水的沟一样。木制或铁制，半圆形，半四边形。由于有的桩基比较深，而在建筑中混凝土的自由落度要求是 2.5 米，如果超过了这个高度，建筑用混凝土就会离析，影响桩质量，所以需要溜槽来运送建筑用混凝土。

129. 泌 [mì] 水：混凝土在运输、振捣、泵送的过程中出现粗骨料下沉，水分上浮的现象称为混凝土泌水。

130. 坎台 [kǎn tái]：用混凝土打的坎台，一般用来防水、挡水。如房间门口下部、机房设备周边等部位。

131. 污垢 [wū gòu]：污秽、脏东西。

132. 剔槽 [tī cáo]：墙体安装完成后要埋装各种电缆和管道，这需要用手动切割机在墙体上切开一些槽，然后用钎子和锤子把这些槽中间的水泥和砖块砸掉；或是把中间的龙骨及填充物切开拿掉。这也叫手工剔槽。

133. 窗楣 [chuāng méi]：即窗框上的横木，可以理解为窗过梁，也有做成拱形的。古建筑在该部位多做木雕、砖雕、石雕等装饰。

134. 镶贴 [xiāng tiē]：装饰装修工程中，对建筑内、外表面涂抹各种灰浆及镶贴或挂贴多种饰面面板，饰面砖以保护和装饰建筑物。

135. 皱褶 [zhòu zhě]：由于地壳运动，岩层受到压力而形成的连续弯曲的构造形式。也指衣服折叠而形成的印痕。

136. 浸渍 [jìn zì]：浸泡，渗透。

137. 浸泡 [jìn pào]：将物体浸入在液体中。

138. 蓄水 [xù shuǐ]：为了灌溉、水力发电、防汛而将水拦蓄起来。

139. 泛水 [fàn shuǐ]：屋面防水层与突出结构之间的防水构造。

140. 酥松 [sū sōng]：松软。

141. 翘曲 [qiáo qū]：塑件未按照设计的形状成形，发生表面的扭曲，塑件翘曲导因于成形塑件的不均匀收缩。

142. 钢楞 [léng]：模板的横档和竖档。

143. 留槎 [liú chá]：在墙体砌筑时，分段砌墙所出现的接口叫留槎。

144. 马牙槎 [chá]：砖墙留槎处的一种砌筑方法。当砌体不能同时砌筑的时候，在交接处一般要预留马牙槎，以保持砌体的整体性与稳定性，常用在构造柱与墙体的连接中，是指构造柱上凸出的部分。

145. 流淌 [liú tǎng]：液体在流动。

146. 渗漏 [shèn lòu]：指液体向下浸透。

147. 坍落 [tān luò] 度：混凝土的塑化性能和可泵性能，是用一个量化指标来衡量其程度（塑化性和可泵性能）的高低，用于判断施工能否正常进行。

148. 女儿墙：建筑物屋顶四周围的矮墙，主要作用除维护安全外，亦会在底处施作防水压砖收头，以避免防水层渗水或是屋顶雨水漫流。

149. 垭口 [yā kǒu]：不安装门的门口。

150. 模板 [mú bǎn]：作图或设计方案的固定格式。

151. 绑扎 [bǎng zā]：捆扎，包扎。

152. 堵漏 [dǔ lòu]：一种施工措施，主要用在防水的容器或者地基渗水时普遍用的措施。

153. 冷拔 [bá]：材料的一种加工工艺，金属材料在再结晶温度以下进行的拉拔加工即冷拉或拉拔。冷拔的产品较之于热成型有尺寸精度高和表面光洁度好的优点。

154. 明沟 [gōu]：靠近勒脚下部设置的排水沟。防止因积水渗入地基而造成建筑物的下沉。

155. 构造柱：在砌体房屋墙体的规定部位，按构造配筋，并按先砌墙后浇灌混凝土柱的施工顺序制成的混凝土柱,通常称为混凝土构造柱,简称构造柱（建筑图纸里符号为 GZ）。

156. 顺水条：屋面瓦挂瓦条下面与挂瓦条垂直相交的木条，用来固定挂瓦条、架空屋面瓦下面，有利于屋顶通风。

海阔凭鱼跃，天高任鸟飞。

157. 冒 [mào] 头：门窗框上面横着的部分，其中有上、中、下三根；上面的叫做"上冒头"，中间的叫做"中冒头"，下面的叫做"下冒头"。

158. 管道井：走各种管道的空间，有垂直的，也有水平向的，有贯通的，也有分隔的。

159. 容积率：建筑面积毛密度，是指一个小区的地上总建筑面积与用地面积的比率。

160. 空圈 [quān]：未装门的洞口，也称垭口，可以由此进出房间。空圈的设置常见于客厅与过道之间、阳台与客厅（或卧室）之间。

161. 环刀取样：使用环刀测土壤容重。

162. 后浇带：为防止现浇钢筋混凝土结构由于自身收缩不均或沉降不均可能产生的有害裂缝而留设的临时施工缝。

163. 施工缝：在混凝土浇筑过程中，因设计要求或施工需要分段浇筑，而在先、后浇筑的混凝土之间所形成的接缝。

164. 打夯 [hāng] 机：一种用于夯实的机械，多用于对地基进行打平、夯实。

165. 导墙：施工单位的一种施工措施，地下连续墙成槽前先要构筑导墙，保证地下连续墙位置准确和成槽质量。

166. 集水坑：在基坑开挖时，地下水位比较高，且基底标高在地下水位之下时设置的排水方式。

167. 挡土墙：支承路基填土或山坡土体、防止填土或土体变形失稳的构造物。

168. 井点降水：人工降低地下水位的一种方法。

169. 流砂现象：当基坑挖土达到地下水位以下，坑底下的土形成流动状态，随地下水一起流动涌进坑内的现象。

170. 复合地基：天然地基中部分土体得到加强或置换而形成与原地基土共同承担荷载的地基。

171. 褥 [rù] 垫层：是 CFG 复合地基中解决地基不均匀的一种方法。如建筑物一边在岩石地基上，一边在黏土地基上时，采用在岩石地基上加褥垫层来解决。

172. 摩擦桩：主要依靠桩侧土的摩阻力支撑垂直荷载的桩。

173. 端承桩：桩顶荷载全部或主要由桩端阻力承受的桩。

174. 灌注桩：利用钻孔机械钻出桩孔，并在孔中浇筑混凝土而成的桩。

175. 贯入度：在地基土中用重力击打贯入体时，贯入体进入土中的深度。

176. 充盈 [yíng] 系数：一根桩实际灌注的混凝土方量与按桩外径计算的理论方量之比。

177. 剪刀撑：脚手架上的斜向支撑，类似剪刀的 X 形杆。

178. 扫地杆 [gān]：距离地面 200 毫米，连接立杆根部的水平杆。

179. 密目网：全称是密目式安全立网，垂直于水平面安装用于防止人员坠落及坠物伤害的网。

180. 吊篮：建筑工程高空作业的建筑机械，用于幕墙安装，外墙清洗。

181. 烧结砖：以黏土、页岩、煤矸石或粉煤灰为原料，经成型和高温焙烧而制成的砖。

182. 安定性：水泥硬化后体积变化的均匀性。

183. 填充墙：框架结构的墙体，起围护和分隔作用。

184. 除锈：应用各种手段去除金属表面锈蚀的方法。

185. 焊 [hàn] 接：以加热、高温或者高压的方式接合金属或其他热塑性材料的制造工艺及技术。

186. 直螺纹套筒：将待连接钢筋端部的纵肋和横肋用滚丝机剥掉一部分后，滚轧成普通直螺纹，用特制的直螺纹套筒连接起来。

187. 量度差值：在钢筋弯曲处外包尺寸和中心线长度之间的差值。

188. 下料长度：钢筋切断时的长度称为下料长度。

189. 涂膜防水：在自身有一定防水能力的结构层表面涂刷一定厚度的防水涂料，经常温胶联固化后，形成防水涂膜的防水方法。

190. 沉降缝：为避免不均匀沉降使墙体或其他结构部位开裂而设置的建筑构造缝。

191. 防震缝：有利于结构抗震而设置的缝。

192. 伸缩缝：防止建筑物构件由于气候温度变化，使结构产生裂缝或破坏而设置的构造缝。

193. 灰饼：泥工粉刷或浇筑地坪时用来控制建筑标高及墙面的平整度、垂直度的水泥块。

言必信，行必果。

194. 暗护角：在户内各阳角的位置，用1∶2的水泥砂浆做成类似一个角钢一样的维护结构。

195. 滴水槽：为了防止墙体上的雨水流到建筑物内部或室内对建筑物造成侵蚀而做的一种构造。

196. 地源热泵：陆地浅层能源通过输入少量的高品位能源（如电能）实现由低品位热能向高品位热能转移的装置。

197. 海绵城市：指城市像海绵一样，下雨时吸水、蓄水、渗水、净水，需要时将蓄存的水释放并加以利用。

198. 综合管廊：地下城市管道综合走廊。

199. 被动式建筑：基于被动式设计而建造的节能建筑物。可以用非常小的能耗将室内调节到合适的温度，非常环保。

200. 绿色建筑：在建筑的全寿命周期内，最大限度地节约资源，保护环境和减少污染，为人们提供健康、舒适和高效的使用空间，与自然和谐共生的建筑物。

201. 节能减排：节约能源、降低能源消耗、减少污染物排放。

202. 装配式建筑：由预制部品部件在工地装配而成的建筑。

203. 叠合楼板：由预制板和现浇钢筋混凝土层叠合而成的装配整体式楼板。

204. 拦标价：招标人在招标过程中向投标人公示的工程项目总价格的最高限制标准。

205. 结算：发承包双方根据合同约定，对合同工程在实施中、终止时、已完工后进行的合同价款计算、调整和确认。

206. 决算：工程项目从立项到投入使用所发生的一切费用的计算，主要由建设单位进行。

207. 规程：对某种政策、制度等所做的分章分条的规定。

208. 标底：指内部掌握的建设单位对拟发包的工程项目准备付出全部费用的额度。

209. 费率：缴纳费用的比率。

210. 贮 [zhù] 仓：用来储存物品的仓库。

211. 增值税：以商品在流转过程中产生的增值额作为计税依据而征收的一种流转税。

212. 圬 [wū] 工结构：砖石结构和混凝土结构的统称。

213. 盾构：掘进机在掘进的同时构建（铺设）隧道之"盾"（指支撑性管片）。

214. 墩 [dūn] 台：房或柱的基础部分。

215. 隧道：埋置于地层内的工程建筑物，是人类利用地下空间的一种形式。

216. 经纬：经线和纬线的简称。

217. 潮汐 [cháo xī]：海水在天体引潮力作用下所产生的周期性运动，把海面垂直方向涨落称为潮汐。

218. 补偿器：习惯上也叫膨胀节，或伸缩节。属于一种补偿元件。

219. 地球椭 [tuǒ] 球：又称"地球椭圆体"。代表地球大小和形状的数学曲面。

220. 觇牌 [chān pái]：测量中被用于照准目标而安在棱镜上的牌子。

221. 高程基准：推算国家统一高程控制网中所有水准高程的起算依据。

222. 水准面：受地球表面重力场影响而形成的，是一个处处与重力方向垂直的连续曲面。

223. 视准轴：十字丝中央交点与物镜光心的连线。同时在测量中要求视准轴与水平轴正交，与横轴垂直。

224. 皮数杆：也称"皮数尺"，是控制砌体竖向施工的标志。

225. 建筑面积：建筑物各层水平面积的总和。包括使用面积、辅助面积和结构面积。

226. 围护结构：围合建筑空间四周的墙体、门、窗等。

227. 建筑空间：人们为了满足生产或生活的需要，运用各种建筑主要要素与形式所构成的内部空间与外部空间的统称。

228. 架空层：建筑物中用柱子架空的那一层。

229. 架空走廊：建筑物与建筑物之间，在二层或二层以上专门为水平交通设置的走廊。

230. 落地橱 [chú] 窗：突出外墙面且根基落地的橱窗。

231. 门斗：在房屋或厅室的入口处设置的一个必经的小间，有保温隔热的

宝剑锋从磨砺出，梅花香自苦寒来。

作用。

232. 门廊：在建筑物入口有顶棚的半围合空间。

233. 骑楼：一种近代商住建筑，建筑物底层沿街面后退且留出公共人行空间的建筑物。

234. 过街楼：专指有道路穿过建筑空间的楼房，或指跨在街道或胡同上的楼，底下可以通行。

235. 露 [lù] 台：住宅中的屋顶平台或由于建筑结构需求在其他楼层中做出的大阳台。

236. 建筑物通道：为道路穿过建筑物而设置的建筑空间。

237. 自然层：按楼板、地板结构分层的楼层。

238. 操作平台：一般用于表达仪器的工作台面。

239. 附墙柱：指凸出墙面的柱，与墙一起整体受力，加强墙体的刚度。

240. 构筑物：不具备、不包含或不提供人类居住功能的人工建造物。

241. 贮 [zhù] 水池：为一定目的而设置的蓄水构筑物。

升学汉字导语、题单详解

　　恭喜同学们，已经掌握了建筑常用词语，突破了汉字题单第一关。这第二个题单呢，是单招和对口升学考试经常考到的词语，掌握了这些词语，大家的文化底蕴会有更大的提升。俗话说：好记性不如烂笔头。在认读识记的过程中，大家要勤于认读，规范书写。

　　著名文学家郭沫若先生曾经说："培养学生写好字，不一定要人人都成书法家，总要把字写得合乎规格，比较端正、干净，容易认。这样养成习惯有好处，能够使人细心，容易集中意志，善于体贴人。草草了事、粗枝大叶、独行专断，是容易误事的。练习写字可以逐渐免除这些毛病。"由此可见，把字书写规范是多么的重要。

　　人生聪明识字始。同学们，你想让自己脱颖而出吗？你想逢考必过吗？那就赶紧认读书写升学汉字吧，遨游漫漫词涯，只要你发愤图强，汉字达人非你莫属！

汉字听写大赛题单（2）

（一）单招和升学常考词语

1. 撮土 [cuō tǔ]
2. 殷勤 [yīn qín]
3. 窘迫 [jiǒng pò]
4. 敷衍 [fū yǎn]
5. 供给 [gōng jǐ]
6. 供养 [gòng yǎng]
7. 挣扎 [zhēng zhá]
8. 包扎 [bāo zā]
9. 丧事 [sāng shì]
10. 沮丧 [jǔ sàng]
11. 筹划 [chóu huà]
12. 私塾 [sī shú]
13. 撑持 [chēng chí]
14. 惦念 [diàn niàn]
15. 折本 [shé běn]
16. 笨拙 [bèn zhuō]
17. 粗糙 [cū cāo]
18. 腼腆 [miǎn tiǎn]
19. 场院 [cháng yuàn]
20. 颠簸 [diān bǒ]
21. 逞能 [chěng néng]
22. 锃亮 [zèng liàng]
23. 器皿 [qì mǐn]
24. 铿锵 [kēng qiāng]
25. 恸哭 [tòng kū]
26. 病榻 [bìng tà]
27. 号啕 [háo táo]
28. 吊唁 [diào yàn]
29. 矫健 [jiǎo jiàn]
30. 歼灭 [jiān miè]
31. 调侃 [tiáo kǎn]
32. 风靡 [fēng mǐ]
33. 奢靡 [shē mí]
34. 呜咽 [wū yè]
35. 袒露 [tǎn lù]
36. 露怯 [lòu qiè]
37. 混沌 [hùn dùn]
38. 颓废 [tuí fèi]
39. 譬如 [pì rú]
40. 橄榄 [gǎn lǎn]
41. 椭 [tuǒ] 圆
42. 点缀 [diǎn zhuì]
43. 寂寥 [jì liáo]
44. 殷红 [yān hóng]
45. 逶迤 [wēi yí]
46. 遒劲 [qiú jìng]
47. 谙熟 [ān]
48. 黏结 [nián jié]
49. 镂空 [lòu kōng]
50. 眼睑 [yǎn jiǎn]
51. 迸发 [bèng fā]
52. 湍急 [tuān jí]
53. 蜿蜒 [wān yán]
54. 嬉戏 [xī xì]
55. 沸 [fèi] 反盈天
56. 艾蒿 [ài hāo]
57. 嗥叫 [háo jiào]
58. 饿殍 [è piǎo]
59. 疲惫 [pí bèi]
60. 恬静 [tián jìng]
61. 喧哗 [xuān huá]
62. 馥郁 [fù yù]
63. 战栗 [zhàn lì]
64. 岿然 [kuī rán]
65. 俨然 [yǎn rán]
66. 默契 [mò qì]
67. 纤细 [xiān xì]
68. 叹为观止
69. 娇嗔 [jiāo chēn]

70. 斟酌 [zhēn zhuó]　71. 埋怨 [mán yuàn]　72. 怂恿 [sǒng yǒng]

73. 脊梁 [jǐ liáng]　74. 单薄 [dān bó]　75. 蠕动 [rú dòng]

76. 寒伧 [hán chen]　77. 佳肴 [jiā yáo]　78. 请柬 [qǐng jiǎn]

79. 瘦削 [shòu xuē]　80. 账簿 [zhàng bù]　81. 债券 [zhài quàn]

82. 契约 [qì yuē]　83. 租赁 [zū lìn]　84. 誊写 [téng xiě]

85. 硝烟 [xiāo yān]　86. 凫水 [fú shuǐ]　87. 浸透 [jìn tòu]

88. 投奔 [tóu bèn]　89. 埋伏 [mái fú]　90. 围剿 [wéi jiǎo]

91. 起哄 [qǐ hòng]　92. 攒动 [cuán dòng]　93. 对峙 [duì zhì]

94. 力能扛鼎 [gāng dǐng]　95. 摩挲 [mó suō]　96. 浩瀚 [hào hàn]

97. 上溯 [sù]　98. 陶冶 [táo yě]　99. 睿智 [ruì zhì]

100. 嗜好 [shì hào]　101. 自诩 [xǔ]　102. 残羹 [gēng] 冷炙 [zhì]

103. 冠冕 [guān miǎn]　104. 吝啬 [lìn sè]　105. 脑髓 [suǐ]

106. 孱 [càn] 头　107. 羡慕 [xiàn mù]　108. 蹩 [bié] 进

109. 憎恶 [zēng wù]　110. 荫庇 [yìn bì]　111. 锱铢 [zī zhū] 必较

112. 仓猝 [cāng cù]　113. 岑 [cén] 寂　114. 劫难 [jié nàn]

115. 幌 [huǎng] 子　116. 擅 [shàn] 长　117. 炫 [xuàn] 耀

118. 恶劣 [liè]　119. 好高骛 [wù] 远　120. 勤能补拙 [zhuō]

121. 蹒跚 [pán shān]　122. 慰藉 [jiè]　123. 雾霭 [ǎi]

124. 流岚 [lán]　125. 虹霓 [ní]　126. 崎岖 [qí qū]

127. 稠 [chóu] 密　128. 河畔 [pàn]　129. 荡漾 [yàng]

130. 青荇 [xìng]　131. 长篙 [gāo]　132. 斑斓 [bān lán]

133. 笙箫 [shēng xiāo]　134. 嗫嚅 [niè rú]　135. 窸窣 [xī sū]

136. 端倪 [ní]　137. 迥 [jiǒng] 乎不同　138. 苑囿 [yòu]

139. 整饬 [chì]　140. 寒暄 [xuān]　141. 羞赧 [nǎn]

142. 滥恶 [làn è]　143. 绯 [fēi] 红　144. 勾心斗角

145. 狙 [jū] 击　146. 茕 [qióng] 茕孑立　147. 气宇轩 [xuān] 昂

148. 荒诞不经　149. 战战兢兢 [jīng jīng]　150. 泯 [mǐn] 灭

151. 聆 [líng] 听　152. 葱茏 [cōng lóng]　153. 磨砺 [lì]

154. 推崇　155. 怆 [chuàng] 然　156. 吞噬 [shì]

157. 喧嚣 [xiāo] 158. 炮烙 [páo luò] 159. 超拔 [chāo bá]

160. 祠堂 [cí táng] 161. 针灸 [zhēn jiǔ] 162. 贮藏 [zhù cáng]

163. 惊惶 [jīng huáng] 164. 瞎逛 [xiā guàng] 165. 侍弄 [shì nòng]

166. 醴酪 [lǐ lào] 167. 龟裂 [jūn liè] 168. 幅员 [fú yuán]

169. 绚丽 [xuàn lì] 170. 渣滓 [zhā zǐ] 171. 彳亍 [chì chù]

172. 惆怅 [chóu chàng] 173. 丝绸 [sī chóu] 174. 缺憾 [quē hàn]

175. 颓圮 [tuí pǐ] 176. 尴尬 [gān gà] 177. 沮丧 [jǔ sàng]

178. 强弩之末 [qiáng nǔ zhī mò] 179. 蓊蓊郁郁 [wěng wěng yù yù]

180. 弥望 [mí wàng] 181. 袅娜 [niǎo nuó] 182. 衣袂 [yī mèi]

183. 贬谪 [biǎn zhé] 184. 谛听 [dì tīng] 185. 禅宗 [chán zōng]

186. 江堤 [jiāng dī] 187. 氤氲 [yīn yūn] 188. 戏谑 [xì xuè]

189. 暧昧 [ài mèi] 190. 手胼足胝 [shǒu pián zú zhī]

191. 酝酿 [yùn niàng] 192. 苛刻 [kē kè] 193. 横亘 [héng gèn]

194. 圭臬 [guī niè] 195. 参透 [cān tòu] 196. 滥用 [làn yòng]

197. 四面楚歌 [sì miàn chǔ gē] 198. 逶迤 [wēi yí]

199. 笑靥 [xiào yè] 200. 璀璨 [cuǐ càn]

（二）单招和升学考试常考词语详解

1. 撮土 [cuō tǔ]：用簸箕状的器具铲起土。

2. 殷勤 [yīn qín]：热情而周到。

3. 窘迫 [jiǒng pò]：非常贫困；十分为难。

4. 敷衍 [fū yǎn]：做事不负责或待人不恳切，只做表面上的应付。

5. 供给 [gōng jǐ]：把生活中必需的物资、钱财、资料等给需要的人使用。

6. 供养 [gòng yǎng]：用供品祭祀（神佛和祖先）。

7. 挣扎 [zhēng zhá]：用力支撑。

8. 包扎 [bāo zā]：包裹捆扎。

9. 丧事 [sāng shì]：人死后处置遗体、进行悼念活动等事。

10. 沮丧 [jǔ sàng]：灰心失望。

11. 筹划 [chóu huà]：想办法；定计划。

12. 私塾 [sī shú]：旧时家庭、宗族或教师自己设立的教学处所，一般只有一个教师，采用个别教学法，没有一定的教材和学习年限。

13. 撑持 [chēng chí]：勉强支持。

14. 惦念 [diàn niàn]：惦记。

15. 折本 [shé běn]：赔本。

16. 笨拙 [bèn zhuō]：不聪明；不灵巧。

17. 粗糙 [cū cāo]：不精细；不光滑。

18. 腼腆 [miǎn tiǎn]：因怕生或害羞而神情不自然。

19. 场院 [cháng yuàn]：有墙或篱笆环绕的平坦的空地，多用来打谷物和晒粮食。

20. 颠簸 [diān bǒ]：上下震荡。

21. 逞能 [chěng néng]：显示自己能干。

22. 锃亮 [zèng liàng]：形容反光发亮。

23. 器皿 [qì mǐn]：某些盛东西的日常用具的统称，如缸、盆、碗等。

24. 铿锵 [kēng qiāng]：形容声音响亮而有节奏。

25. 恸哭 [tòng kū]：悲伤地大哭。

26. 病榻 [bìng tà]：病人的床铺。

27. 号啕 [háo táo]：形容大声哭。

28. 吊唁 [diào yàn]：祭奠死者并慰问其家属。

29. 矫健 [jiǎo jiàn]：强壮有力。

30. 歼灭 [jiān miè]：消灭（敌人）。

31. 调侃 [tiáo kǎn]：用言语戏弄、嘲笑。

32. 风靡 [fēng mǐ]：草木随风而倒，形容事物很风行。

33. 奢靡 [shē mí]：奢侈浪费。

34. 呜咽 [wū yè]：①低声哭泣。②（流水、丝竹等）发出凄切的声音。

35. 袒露 [tǎn lù]：①裸露。②比喻毫无掩饰地表露。

36. 露怯 [lòu qiè]：因为缺乏知识，言谈举止发生可笑的错误。

37. 混沌 [hùn dùn]：①指宇宙形成以前模糊一团的景色。②糊里糊涂、无

业精于勤，荒于嬉；行成于思，毁于随。

知无识的样子。

38. 颓废 [tuí fèi]：意志消沉，精神萎靡。

39. 譬如 [pì rú]：比如。

40. 橄榄 [gǎn lǎn]：常绿乔木，羽状复叶，小叶长椭圆形，花白色，果实长椭圆形，两端稍尖，绿色，可以吃，也可入药。

41. 椭 [tuǒ] 圆：俗称扁圆。

42. 点缀 [diǎn zhuì]：加以衬托或装饰，使原有事物更加美好。

43. 寂寥 [jì liáo]：寂静、空旷。

44. 殷红 [yān hóng]：带黑的红色。

45. 逶迤 [wēi yí]：形容道路、山脉、河流等弯弯曲曲延续不绝的样子。

46. 遒劲 [qiú jìng]：雄健有力。

47. 谙熟 [ān]：熟悉（某种事物）。

48. 黏结 [nián jié]：黏合在一起。

49. 镂空 [lòu kōng]：在物体上雕刻出穿透物体的花纹或文字。

50. 眼睑 [yǎn jiǎn]：眼睛周围能开闭的皮，边缘长着睫毛。通称眼皮。

51. 迸发 [bèng fā]：由内而外地突然发出。

52. 湍急 [tuān jí]：水势急。

53. 蜿蜒 [wān yán]：①蛇类爬行的样子。②比喻（山脉、河流、道路等）曲折延伸。

54. 嬉戏 [xī xì]：游戏、玩耍。

55. 沸 [fèi] 反盈天：形容人声嘈杂、杂乱。

56. 艾蒿 [ài hāo]：艾草。

57. 嗥叫 [háo jiào]：形容动物的大声嚎叫。

58. 饿殍 [è piǎo]：饿死的人。

59. 疲惫 [pí bèi]：疲：疲劳。惫：疲倦。指极度疲劳。

60. 恬静 [tián jìng]：安静、宁静。

61. 喧哗 [xuān huá]：①声音大而杂乱。②喧嚷。

62. 馥郁 [fù yù]：形容香气浓厚。

63. 战栗 [zhàn lì]：形容竭力克制因过分激动而引起的颤抖。

百川东到海，何时复西归。少壮不努力，老大徒伤悲。

64. 岿然 [kuī rán]：高大独立的样子。

65. 俨然 [yǎn rán]：①形容庄严。②形容齐整。③形容很像。

66. 默契 [mò qì]：双方的意思没有明白说出而彼此有一致的了解。

67. 纤细 [xiān xì]：非常细。

68. 叹为观止：赞美所见到的事物好到了极点。

69. 娇嗔 [jiāo chēn]：（年轻女子）娇媚地嗔怪。

70. 斟酌 [zhēn zhuó]：考虑事情、文字等是否可行是否适当。

71. 埋怨 [mán yuàn]：因为事情不如意而对自己认为原因所在的人或事物表示不满。

72. 怂恿 [sǒng yǒng]：鼓动别人去做（某事）。

73. 脊梁 [jǐ liáng]：脊柱，比喻在国家、民族或团体中起中坚作用的人。

74. 单薄 [dān bó]：①指天凉穿的衣服薄而少。②（身体）瘦弱。③（力量、论据等）薄弱；不充实。

75. 蠕动 [rú dòng]：像蚯蚓爬行那样动。

76. 寒伧 [hán chen]：①丑陋；难看。②丢脸；不体面。

77. 佳肴 [jiā yáo]：精美的菜肴。

78. 请柬 [qǐng jiǎn]：请帖。

79. 瘦削 [shòu xuē]：形容身体或脸很瘦。

80. 账簿 [zhàng bù]：记载货币、货物出入事项的本子。

81. 债券 [zhài quàn]：政府、企业、银行等债务人为筹集资金，按照法定程序发行并向债权人承诺于指定日期还本付息的有价证券。

82. 契约 [qì yuē]：证明买卖、抵押、租赁等关系的文书。

83. 租赁 [zū lìn]：租用；出租。

84. 誊写 [téng xiě]：照底稿抄写。

85. 硝烟 [xiāo yān]：炸药爆炸后产生的烟雾。

86. 凫水 [fú shuǐ]：通常指人或者动物在水上漂浮游动，嬉戏打闹。

87. 浸透 [jìn tòu]：①液体渗透。②比喻饱含（某种思想感情等）。

88. 投奔 [tóu bèn]：前去依靠（别人）。

89. 埋伏 [mái fú]：①在估计敌人要经过的地方秘密布置兵力，伺机出击。

②潜伏。

90. 围剿 [wéi jiǎo]：包围起来剿灭。

91. 起哄 [qǐ hòng]：打趣、开玩笑。

92. 攒动 [cuán dòng]：拥挤着移动。

93. 对峙 [duì zhì]：两山相对耸立，也可指对抗、抗衡。

94. 力能扛鼎 [gāng dǐng]：扛：用双手举起沉重的东西；鼎：三足两耳的青铜器。形容气力特别大，亦比喻笔力雄健。

95. 摩挲 [mó suō]：用手轻轻按着并一下一下地移动。

96. 浩瀚 [hào hàn]：①水盛大的样子。②广大，漫无边际。③繁多。

97. 上溯 [sù]：①逆着水流往上行。②从现在起往回推算（过去的年代）。

98. 陶冶 [táo yě]：烧制陶器和冶炼金属。比喻给人的思想、性格以有益的影响。

99. 睿智 [ruì zhì]：英明有远见。

100. 嗜好 [shì hào]：指特别爱好（多用于贬义）。

101. 自诩 [xǔ]：自夸。

102. 残羹 [gēng] 冷炙 [zhì]：指吃剩的汤菜，也比喻别人施舍的东西。

103. 冠冕 [guān miǎn]：①古代皇冠或官员的帽子。②比喻受人拥戴或出人头地。

104. 吝啬 [lìn sè]：过分爱惜自己的财物，当用不用。

105. 脑髓 [suǐ]：指脑。

106. 孱 [càn] 头：软弱无能的人。

107. 羡慕 [xiàn mù]：看见别人有某种长处、好处或有利条件而希望自己也有。

108. 蹩 [bié] 进：躲躲闪闪地走进去。

109. 憎恶 [zēng wù]：憎恨；厌恶。

110. 荫庇 [yìn bì]：大树枝叶遮蔽阳光，宜于人们休息，比喻尊长照顾晚辈或祖宗保佑子孙。

111. 锱铢 [zī zhū] 必较：铢：一锱的六分之一。对锱和铢这样微小的量都要计较。形容斤斤计较。

随风潜入夜，润物细无声。

112. 仓猝 [cāng cù]：匆忙急迫。

113. 岑 [cén] 寂：寂静。

114. 劫难 [jié nàn]：灾难；灾祸。

115. 幌 [huǎng] 子：比喻为了掩盖真实意图而假借的名义。

116. 擅 [shàn] 长：在某方面有专长。

117. 炫 [xuàn] 耀：从各方面（多指金钱、权力、地位等）特意强调自己。

118. 恶劣 [liè]：非常坏，坏到接近于极点；常用做形容天气、环境，也广泛用于形容人的品行、作风等思想方面。

119. 好高骛 [wù] 远：脱离实际地追求目前不可能实现的过高、过远的目标。

120. 勤能补拙 [zhuō]：勤奋能够弥补不足。

121. 蹒跚 [pán shān]：腿脚不灵便，走路缓慢、摇摆的样子。

122. 慰藉 [jiè]：安慰。

123. 雾霭 [ǎi]：雾气，形容雾气腾腾的样子。

124. 流岚 [lán]：山间流动的雾气。

125. 虹霓 [ní]：大气中一种光的现象。

126. 崎岖 [qí qū]：形容山路不平，也比喻处境艰难。

127. 稠 [chóu] 密：多而密。

128. 河畔 [pàn]：河旁边的地方。

129. 荡漾 [yàng]：指飘荡；起伏不定。

130. 青荇 [xìng]：即荇菜，为水生植物。

131. 长篙 [gāo]：在小舟之上，用木质竹竿或用杉木做的船桨。

132. 斑斓 [bān lán]：色彩灿烂绚丽的样子，形容灿烂多彩。

133. 笙箫 [shēng xiāo]：笙和箫。泛指管乐器。

134. 嗫嚅 [niè rú]：形容想说话而又吞吞吐吐不敢说出来的样子。

135. 窸窣 [xī sū]：模拟摩擦较轻微的声音。

136. 端倪 [ní]：捉摸、推究。

137. 迥 [jiǒng] 乎不同：形容差别很大，完全不一样。

138. 苑囿 [yòu]：古代帝王及贵族蓄养禽兽、种植林木的地方。

139. 整饬 [chì]：使有条理、整顿。

千淘万漉虽辛苦，吹尽狂沙始到金。

140. 寒暄 [xuān]：见面时谈天气冷暖之类的应酬话。

141. 羞赧 [nǎn]：因害臊而红了脸的样子。

142. 滥恶 [làn è]：质量低劣。

143. 绯 [fēi] 红：鲜红。

144. 勾心斗角：原指宫室结构精巧工致，后用来指各种心机，互相排挤。

145. 狙 [jū] 击：埋伏在隐蔽地点伺机袭击敌人。

146. 茕 [qióng] 茕子立：形容孤单、无依靠。

147. 气宇轩 [xuān] 昂：形容精神饱满，气概不凡。

148. 荒诞不经：虚妄离奇，不合情理。

149. 战战兢兢 [jīng jīng]：形容因害怕而微微发抖的样子。

150. 泯 [mǐn] 灭：（行迹、印象等）消灭。

151. 聆 [líng] 听：认真听。

152. 葱茏 [cōng lóng]：（草木）青翠茂盛。

153. 磨砺 [lì]：摩擦使锐利，比喻磨炼。

154. 推崇：推重崇敬。

155. 怆 [chuàng] 然：悲伤的样子。

156. 吞噬 [shì]：吞食。

157. 喧嚣 [xiāo]：声音杂乱；不清静。

158. 炮烙 [páo luò]：相传为商代的一种酷刑。用炭火烧热铜柱，让罪人在上面爬，人掉到炭火中被烧死。

159. 超拔 [chāo bá]：①出众，高出一般。②提升。

160. 祠堂 [cí táng]：旧时祭祀祖宗或贤人的厅堂。

161. 针灸 [zhēn jiǔ]：以针刺艾灸防治疾病的方法。

162. 贮藏 [zhù cáng]：储藏。

163. 惊惶 [jīng huáng]：惊慌。

164. 瞎逛 [xiā guàng]：闲散而漫无目的地行走。

165. 侍弄 [shì nòng]：①料理；整理。②喂养。③摆弄。

166. 醴酪 [lǐ lào]：甜酒和奶酪。

167. 龟裂 [jūn liè]：由于老化和瓦解而产生的短而浅的裂纹。

168. 幅员 [fú yuán]：广狭叫幅，周围叫员。指疆域，引申为范围。

169. 绚丽 [xuàn lì]：耀眼而华丽。

170. 渣滓 [zhā zǐ]：①精选提炼后的残渣。②比喻对社会有危害的不法分子。

171. 彳亍 [chì chù]：慢步行走，走走停停。

172. 惆怅 [chóu chàng]：失意；伤感。

173. 丝绸 [sī chóu]：用蚕丝或合成纤维长丝织成的纺织物。

174. 缺憾 [quē hàn]：不够完美、令人遗憾之处。

175. 颓圮 [tuí pǐ]：倒塌。

176. 尴尬 [gān gà]：处于两难境地无法摆脱。

177. 沮丧 [jǔ sàng]：灰心失望。

178. 强弩之末 [qiáng nǔ zhī mò]：比喻强大的力量已经衰弱，起不了什么作用。

179. 蓊蓊郁郁 [wěng wěng yù yù]：形容树木茂盛的样子。

180. 弥望 [mí wàng]：充满视野、满眼。

181. 袅娜 [niǎo nuó]：形容女子体态轻盈柔美。

182. 衣袂 [yī mèi]：衣袖，借指衣衫。

183. 贬谪 [biǎn zhé]：官吏降职并调往远方就任。

184. 谛听 [dì tīng]：仔细听。

185. 禅宗 [chán zōng]：大乘佛教在中国的一个宗派。

186. 江堤 [jiāng dī]：沿江的堤岸。

187. 氤氲 [yīn yūn]：烟气、烟云弥漫的样子。

188. 戏谑 [xì xuè]：用诙谐有趣的话开玩笑。

189. 暧昧 [ài mèi]：态度不明朗。

190. 手胼足胝 [shǒu pián zú zhī]：胼、胝：手掌、足底的老茧。手掌、足底生满老茧，形容经常地辛勤劳动。

191. 酝酿 [yùn niàng]：造酒的发酵过程，比喻事前讨论、磋商，交换意见，统一思想。

192. 苛刻 [kē kè]：严厉、刻薄。

长风破浪会有时，直挂云帆济沧海。

193. 横亘 [héng gèn]：（桥梁、山脉等）横跨；横卧。

194. 圭臬 [guī niè]：比喻标准、准则和法度。

195. 参透 [cān tòu]：看透。

196. 滥用 [làn yòng]：胡乱、过多地使用。

197. 四面楚歌 [sì miàn chǔ gē]：比喻陷入四面受敌、孤立无援的境地。

198. 逶迤 [wēi yí]：蜿蜒曲折，拐来拐去。

199. 笑靥 [xiào yè]：笑时脸上露出的酒窝。

200. 璀璨 [cuǐ càn]：形容光彩夺目。

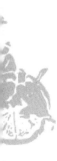

白日不到处，青春恰自来。苔花如米小，也学牡丹开。

八

易读错汉字导语、题单详解

祝贺同学们，顺利通过了第二关。第三个题单中的词语，可谓字字珠玑，生活中常见，但极易读错，赶紧挑战一下吧！认读之前，老师想跟大家分享一则关于大文豪苏轼的小故事。

北宋有个鼎鼎有名的大文学家叫苏东坡，他年少的时候，读了很多圣贤书，自觉腹有诗书便有些飘飘然，于是在自家门前贴了一副对联："识遍天下字，读尽人间书。"一位老者看到这副对联后拿出一本书让苏轼读，可他却一字不识。惭愧之余，痛定思痛，苏轼把门前对联改成了"发愤识遍天下字，立志读尽人间书"。这个故事告诉我们一个道理：学海无涯、学无止境。

"千淘万漉虽辛苦，吹尽黄沙始到金。"加油吧，同学们！胜利属于坚持不懈的你！继续努力，闯过了汉字题单第三关，你就成为当之无愧的城建汉字小英雄啦。

汉字听写大赛题单（3）

（一）常用易误读词语

说明：此部分词语是日常生活中最容易读错的汉字。

1. 白雪皑皑 [ái]
2. 狭隘 [ài]
3. 不谙 [ān]
4. 煎熬 [áo]
5. 拗断 [ǎo]
6. 扳 [bān] 平
7. 麻痹 [bì]
8. 包庇 [bì]
9. 刚愎 [bì] 自用
10. 濒 [bīn] 临
11. 炙 [zhì] 手可热
12. 摒 [bìng] 弃
13. 哺 [bǔ] 育
14. 针砭 [biān]
15. 嘈 [cáo] 杂
16. 参差 [cēn cī]
17. 刹 [chà] 那
18. 谄 [chǎn] 媚
19. 忏 [chàn] 悔
20. 瞠 [chēng] 目结舌
21. 惩 [chéng] 前毖后
22. 驰骋 [chěng]
23. 痴 [chī] 呆
24. 奢侈 [shē chǐ]
25. 炽 [chì] 热
26. 叱咤 [chì zhà] 风云
27. 忧心忡忡 [chōng]
28. 憧憬 [chōng jǐng]
29. 惆怅 [chóu chàng]
30. 踌躇 [chóu chú]
31. 相形见绌 [chù]
32. 命运多舛 [chuǎn]
33. 创 [chuāng] 伤
34. 凄怆 [chuàng]
35. 辍 [chuò] 学
36. 宽绰 [chuò]
37. 瑕疵 [xiá cī]
38. 伺候 [cì hou]
39. 蹉跎 [cuō tuó] 岁月
40. 一蹴 [cù] 而就
41. 忖度 [cǔn duó]
42. 蹉跎 [cuō tuó]
43. 挫折 [cuò zhé]
44. 逮 [dài] 捕
45. 殚 [dān] 精竭虑
46. 虎视眈眈 [dān]
47. 肆无忌惮 [dàn]
48. 档 [dàng] 案
49. 追悼 [dào]
50. 提防 [dī fang]
51. 瓜熟 [shú] 蒂 [dì] 落
52. 缔 [dì] 造
53. 掂掇 [diān duo]
54. 恫吓 [dòng hè]
55. 兑 [duì] 换
56. 阿谀 [ē yú]
57. 婀娜 [ē nuó]
58. 扼 [è] 要
59. 氛 [fēn] 围
60. 敷衍塞责 [fū yǎn sè zé]
61. 辐 [fú] 射
62. 果脯 [fǔ]
63. 随声附和 [fù hè]
64. 大动干戈 [gē]

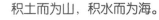

65. 脖颈 [gěng]　　66. 囹圄 [líng yǔ]　　67. 口供 [gòng]

68. 佝偻 [gōu lóu]　　69. 勾当 [gòu dàng]　　70. 蛊 [gǔ] 惑

71. 商贾 [gǔ]　　72. 桎梏 [gù]　　73. 粗犷 [guǎng]

74. 瑰 [guī] 丽　　75. 刽 [guì] 子手　　76. 尸骸 [hái]

77. 引吭 [háng] 高歌　　78. 沆瀣 [hàng xiè] 一气　　79. 干涸 [hé]

80. 龌龊 [wò chuò]　　81. 蛮横 [mán hèng]　　82. 飞来横 [hèng] 祸

83. 发横 [hèng] 财　　84. 一哄 [hòng] 而散　　85. 豢 [huàn] 养

86. 病入膏肓 [huāng]　　87. 诲 [huì] 人不倦 [juàn]　　88. 污秽 [wū huì]

89. 混淆 [hùn xiáo]　　90. 搅和 [jiǎo huo]　　91. 豁 [huò] 达

92. 畸 [jī] 形　　93. 羁绊 [jī bàn]　　94. 无稽 [jī] 之谈

95. 跻 [jī] 身　　96. 通缉 [jī] 令　　97. 汲 [jí] 取

98. 飞扬跋扈 [bá hù]　　99. 棘 [jí] 手　　100. 狼藉 [jí]

101. 越俎 [zǔ] 代庖 [páo]　　102. 人才济济 [jǐ]　　103. 给予 [jǐ yǔ]

104. 觊觎 [jì yú]　　105. 雪茄 [jiā]　　106. 信笺 [jiān]

107. 为 [wèi] 虎作伥 [chāng]　　108. 草菅 [jiān] 人命

109. 缄默 [jiān mò]　　110. 瑕 [xiá] 不掩瑜 [yú]

111. 矫枉 [jiǎo wǎng] 过正　　112. 缴 [jiǎo] 纳

113. 校 [jiào] 对　　114. 攻讦 [gōng jié]　　115. 桔梗 [jié gěng]

116. 押解 [jiè]　　117. 杀一儆 [jǐng] 百　　118. 痉挛 [jìng luán]

119. 抓阄 [jiū]　　120. 靡靡 [mǐ] 之音　　121. 内疚 [jiù]

122. 既 [jì] 往不咎 [jiù]　　123. 罄 [qìng] 竹难书　　124. 咀嚼 [jǔ jué]

125. 循规蹈矩 [xún guī dǎo jǔ]　　126. 镌 [juān] 刻

127. 隽 [juàn] 永　　128. 角 [jué] 色　　129. 角逐 [jué zhú]

130. 倔强 [jué jiàng]　　131. 崛 [jué] 起　　132. 一蹶 [jué] 不振

133. 矍铄 [jué shuò]　　134. 细菌 [jūn]　　135. 风流倜傥 [tì tǎng]

136. 谆谆 [zhūn] 教诲 [huì]　　137. 同仇敌忾 [kài]

138. 不卑不亢 [kàng]　　139. 坎坷 [kǎn kě]　　140. 恪 [kè] 守

141. 邋遢 [lā ta]　　142. 朗朗 [lǎng] 乾坤　　143. 奶酪 [lào]

144. 果实累累 [léi léi]　　145. 罹 [lí] 难　　146. 雕镂 [lòu]

147. 贿赂 [huì lù]　148. 棕榈 [zōng lú]　149. 抹 [mā] 桌子

150. 阴霾 [mái]　151. 联袂 [mèi]　152. 萎靡 [wěi mǐ] 不振

153. 愤懑 [fèn mèn]　154. 静谧 [mì]　155. 分娩 [miǎn]

156. 荒谬 [huāng miù]　157. 比肩接踵 [zhǒng]　158. 蓦 [mò] 然

159. 牟 [móu] 取　160. 模 [mú] 样　161. 气馁 [něi]

162. 隐匿 [nì]　163. 亲昵 [nì]　164. 拈 [niān] 花惹草

165. 宁 [nìng] 死不屈　166. 泥泞 [nìng]　167. 忸怩 [niǔ ní]

168. 执拗 [zhí niù]　169. 驽 [nú] 马　170. 扒 [pá] 手

171. 心宽体胖 [pán]　172. 分道扬镳 [biāo]　173. 滂沱 [pāng tuó]

174. 彷徨 [páng huáng]　175. 毗 [pí] 邻　176. 癖 [pǐ] 好

177. 否 [pǐ] 极泰来　178. 媲 [pì] 美　179. 扁 [piān] 舟

180. 大腹 [fù] 便便 [pián]　181. 剽窃 [piāo qiè]　182. 湖泊 [pō]

183. 糟粕 [pò]　184. 解剖 [pōu]　185. 一曝 [pù] 十寒

186. 蹊跷 [qī qiāo]　187. 祈 [qí] 祷　188. 歧 [qí] 途

189. 绮 [qǐ] 丽　190. 休憩 [qì]　191. 关卡 [qiǎ]

192. 悭吝 [qiān lìn]　193. 潜 [qián] 移默化　194. 虔 [qián] 诚

195. 戕 [qiāng] 害　196. 勉强 [qiǎng]　197. 襁褓 [qiǎng bǎo]

198. 怯懦 [qiè nuò]　199. 锲 [qiè] 而不舍　200. 惬 [qiè] 意

201. 引擎 [qíng]　202. 龋 [qǔ] 齿　203. 面面相觑 [qù]

204. 斡 [wò] 旋　205. 商榷 [què]　206. 荏苒 [rěn rǎn]

207. 妊娠 [rèn shēn]　208. 冗 [rǒng] 长　209. 潸 [shān] 然泪下

210. 禅 [shàn] 让　211. 赡 [shàn] 养　212. 老骥 [jì] 伏枥 [lì]

213. 退避三舍 [tuì bì sān shè]　214. 海市蜃 [shèn] 楼

215. 舐 [shì] 犊 [dú] 之情　216. 束缚 [shù fù]　217. 吸 [shǔn] 吮

218. 瞬 [shùn] 息万变　219. 怂恿 [sǒng yǒng]　220. 鬼鬼祟祟 [suì]

221. 鞭挞 [biān tà]　222. 熏陶 [táo]　223. 孝悌 [tì]

224. 轻佻 [tiāo]　225. 请帖 [tiě]　226. 字帖 [tiè]

227. 如火如荼 [tú]　228. 湍 [tuān] 急　229. 颓 [tuí] 废

230. 蜕 [tuì] 化　231. 囤 [tún] 积　232. 邂逅 [xiè hòu]

（二）常用易误读词语详解

1. 白雪皑皑 [ái]：洁白的样子，多用来形容霜雪。

2. 狭隘 [ài]：心胸狭小，不宽广。

3. 不谙 [ān]：不熟悉。

4. 煎熬 [áo]：比喻焦虑、痛苦、受折磨。

5. 拗 [ǎo] 断：折断。

6. 扳 [bān] 平：在比赛中扭转落后的局面使成平局。

7. 麻痹 [bì]：身体某部分的感觉或运动功能部分丧失或完全丧失；也指马虎不经心，缺乏警惕性。

8. 包庇 [bì]：袒护或掩护（坏人、坏事）。

9. 刚愎 [bì] 自用：愎，任性；刚愎，强硬回执；自用：自以为是。十分固执自信，不考虑别人的意见。

10. 濒 [bīn] 临：紧靠，临近。

11. 炙 [zhì] 手可热：手摸上去感到热得烫人。比喻权势大，气焰盛，使人不敢接近。

12. 摒 [bìng] 弃：屏除、抛弃。

13. 哺 [bǔ] 育：喂养。也比喻培育，培养。

14. 针砭 [biān]：砭是古代用来治病的石针，使用方法已失传。"针砭"比喻发现或指出错误，以求改正。

15. 嘈 [cáo] 杂：（声音）喧闹；杂乱。

16. 参差 [cēn cī]：①不整齐。②纷纭繁杂。③差不多；几乎。

17. 刹 [chà] 那：梵语的音译。古印度最小的计时单位，但一般用来表示时间极短，如一瞬间。

18. 谄 [chǎn] 媚：巴结讨好。

19. 忏 [chàn] 悔：佛教仪式。原为对人坦白自己的过错，请求宽恕。

20. 瞠 [chēng] 目结舌：瞠，瞪着眼；结舌，说不出话来。瞪着眼睛说不出话来。形容窘困或惊呆的样子。

21. 惩 [chéng] 前毖后：惩，警戒；毖，谨慎。指批判以前所犯的错误，吸

盛年不重来，一日难再晨。及时当勉励，岁月不待人。

取教训，使以后谨慎些不致再犯。

22. 驰骋 [chěng]：①骑马飞奔。②指在某一领域，纵横自如，充分发挥才能。③形容得意。

23. 痴 [chī] 呆：①迟钝；愚昧。②发呆。

24. 奢侈 [shē chǐ]：挥霍浪费，追求过度的享受。

25. 炽 [chì] 热：温度高。

26. 叱咤 [chì zhà] 风云：叱咤，怒喝声。一声呼喊，怒喝可以使风云翻腾起来。形容声势威力很大。

27. 忧心忡忡 [chōng]：忡忡，忧虑不安的样子。形容心事重重，非常忧愁。

28. 憧 [chōng] 憬：向往。

29. 惆怅 [chóu chàng]：失意而伤感。

30. 踌躇 [chóu chú]：①犹豫，迟疑不决。②徘徊不前。

31. 相形见绌 [chù]：形，对照；绌，不够，不足。和同类的事物相比较，显出不足。

32. 命运多舛 [chuǎn]：舛，违背。一生经历坎坷，遭遇不好。

33. 创 [chuāng] 伤：①伤害。②被刀剑、火器等所损伤。③指伤口。

34. 凄怆 [chuàng]：凄惨，悲伤。

35. 辍 [chuò] 学：中途停学。

36. 宽绰 [chuò]：①宽阔；不狭窄。②富余。

37. 瑕疵 [xiá cī]：①指玉的斑痕。②指毛病，比喻人的过失或事物的缺点。

38. 伺候 [cì hou]：在人身边供使唤，照料饮食起居。

39. 蹉跎 [cuō tuó] 岁月：蹉跎，时光白白过去。把时光白白地耽误过去。指虚度光阴。

40. 一蹴 [cù] 而就：蹴，踏；就，成功。踏一步就成功。比喻事情轻而易举，一下子就成功。

41. 忖度 [cǔn duó]：推测；揣度。

42. 蹉跎 [cuō tuó]：光阴白白的过去。

43. 挫折 [cuò zhé]：压制阻碍；使受挫或失败。

44. 逮 [dài] 捕：司法机关依法对犯罪嫌疑人、被告人在一定时间内剥夺其

人身自由，并予以羁押的刑事强制措施。

45. 殚 [dān] 精竭虑：殚，竭尽；虑，思虑。形容用尽心思。

46. 虎视眈眈 [dān]：眈眈，注视的样子。像老虎那样凶狠地盯着。形容心怀不善，伺机攫取。

47. 肆无忌惮 [dàn]：肆，放肆；忌，顾忌；惮，害怕。非常放肆，一点没有顾忌。

48. 档 [dàng] 案：分类保存以备查找的文件和材料。

49. 追悼 [dào]：对死者表示沉痛悼念。

50. 提防 [dī fang]：防备。

51. 瓜熟蒂 [shú dì] 落：蒂，花或瓜果跟枝茎相连的部分。瓜熟了，瓜蒂自然脱落。指时机一旦成熟，事情自然成功。

52. 缔 [dì] 造：创立、建立。

53. 掂掇 [diān duo]：斟酌、估计。

54. 恫吓 [dòng hè]：威吓；吓唬。

55. 兑 [duì] 换：用证券换取现金或用一种货币换取另一种货币。

56. 阿谀 [ē yú]：迎合别人的意思，说好听的话（含贬义）。

57. 婀娜 [ē nuó]：柔美的样子。

58. 扼 [è] 要：抓住要点（多指发言或写文章）。

59. 氛 [fēn] 围：周围的气氛和情调。

60. 敷衍塞责 [fū yǎn sè zé]：敷衍，马虎，不认真，表面上应付；塞责，搪塞责任。指工作不认真负责，表面应付了事。

61. 辐 [fú] 射：从中心向各个方向沿着直线伸展出去。

62. 果脯 [fǔ]：用桃、杏、梨、枣等水果加糖或蜜制成的食品的统称。

63. 随声附和 [fù hè]：和，声音相应。自己没有主见，别人怎么说就跟着怎么说。

64. 大动干戈 [gē]：干戈，古代的两种武器。大规模地进行战争。比喻大张声势地行事。

65. 脖颈 [gěng]：脖子的后面。

66. 囹圄 [líng yǔ]：监狱。

博观而约取，厚积而薄发。

67. 口供 [gòng]：受审者口头陈述的与案情有关的话。

68. 佝偻 [gōu lóu]：脊背向前弯曲。

69. 勾当 [gòu dàng]：事情，今多指坏事情。

70. 蛊 [gǔ] 惑：毒害；迷惑。

71. 商贾 [gǔ]：商人。

72. 桎梏 [gù]：①脚镣和手铐。②像镣铐般约束、妨碍或阻止自由动作的事物。

73. 粗犷 [guǎng]：粗壮豪放。

74. 瑰 [guī] 丽：异常美丽。

75. 刽 [guì] 子手：①旧时执行死刑的人。②以各种方式杀人的凶手。

76. 尸骸 [hái]：尸骨；尸体。

77. 引吭 [háng] 高歌：引，拉长；吭，喉咙。放开嗓子大声歌唱。

78. 沆瀣 [hàng xiè] 一气：沆瀣，指唐时的崔沆、崔瀣。比喻臭味相投的人结合在一起。

79. 干涸 [hé]：（河道、池塘等）没有水了。

80. 龌龊 [wò chuò]：①器量狭小，拘于小节。②肮脏（āng zāng）。③卑鄙，丑恶。

81. 蛮横 [mán hèng]：粗野，不讲理。

82. 飞来横 [hèng] 祸：突然发生的意外灾祸。

83. 发横 [hèng] 财：用不正当的手段获得不应该得到的钱财。

84. 一哄 [hòng] 而散：哄，吵闹。形容聚在一起的人一下子吵吵嚷嚷地走散了。

85. 豢 [huàn] 养：喂养（牲畜），比喻收买并利用。

86. 病入膏肓 [huāng]：膏肓，古人把心尖脂肪叫"膏"，心脏与膈膜之间叫"肓"。形容病情十分严重，无法医治。比喻事情到了无法挽救的地步。

87. 诲 [huì] 人不倦 [juàn]：诲，教导。教导人特别耐心，从不厌倦。

88. 污秽 [wū huì]：肮脏；不干净。

89. 混淆 [hùn xiáo]：①混杂；界限模糊（多用于抽象事物）。②使混淆；使界限模糊。

不飞则已，一飞冲天；不鸣则已，一鸣惊人。

90. 搅和 [jiǎo huo]：①混合；搀杂。②扰乱。

91. 豁 [huò] 达：性格开朗；气量大。

92. 畸 [jī] 形：①生物体某部分发育不正常。　②泛指事物发展不正常，偏于某一方面。

93. 羁绊 [jī bàn]：束缚，拘束。

94. 无稽 [jī] 之谈：无稽，无法考查。没有根据的说法。

95. 跻 [jī] 身：使自己上升到（某种行列、位置等）；置身。

96. 通缉 [jī] 令：公安或司法机关通告捉拿在逃犯人的命令。

97. 汲 [jí] 取：吸取。

98. 飞扬跋扈 [bá hù]：飞扬，放纵；跋扈，蛮横。原指意态狂豪，不受约束。现多形容骄横放肆，目中无人。

99. 棘 [jí] 手：形容事情难办，像荆棘刺手。

100. 狼藉 [jí]：①纵横散乱。②比喻破败、糟糕。

101. 越俎 [zǔ] 代庖 [páo]：越，跨过；俎，古代祭祀时摆祭品的礼器；庖，厨师。主祭的人跨过礼器去代替厨师办席。比喻超出自己业务范围去处理别人所管的事。

102. 人才济济 [jǐ]：济济，众多的样子。形容有才能的人很多。

103. 给予 [jǐ yǔ]：给（gěi），也作给与。

104. 觊觎 [jì yú]：希望得到（不应该得到的东西）。

105. 雪茄 [jiā]：用烟叶卷成的烟，形状较一般的香烟粗而长。

106. 信笺 [jiān]：信纸。

107. 为 [wèi] 虎作伥 [chāng]：伥，伥鬼，专引虎食人。比喻给恶人当帮凶，干坏事。

108. 草菅 [jiān] 人命：草菅，野草。把人命看作野草。形容漠视人的生命，任意加以残害。

109. 缄默 [jiān mò]：闭口不说话。

110. 瑕 [xiá] 不掩瑜 [yú]：瑕，玉上面的斑点，比喻缺点；掩，遮盖；瑜，美玉的光泽，比喻优点。比喻缺点掩盖不了优点，缺点是次要的，优点是主要的。

111. 矫枉 [jiǎo wǎng] 过正：矫，扭转；枉，弯曲。把弯的东西扳正，又

满招损，谦受益。

歪到了另一边。比喻纠正错误超过了应有的限度。

112. 缴 [jiǎo] 纳：交纳。

113. 校 [jiào] 对：①书籍、报刊出版工作的环节之一。根据原稿核对校样，订正差错，以保证出版物的质量。②从事校对工作的人员。

114. 攻讦 [gōng jié]：揭发别人的过失或隐私而加以攻击（多指因个人或派系利害矛盾）。

115. 桔梗 [jié gěng]：多年生草本植物，叶子卵形或卵状披针形，花暗蓝色或暗紫白色。供观赏。根可入药。

116. 押解 [jiè]：①押送犯人或俘虏（fú lǔ）。②押运。

117. 杀一儆 [jǐng] 百：处死一个人，借以警戒许多人。

118. 痉挛 [jìng luán]：①肌肉突然紧张，不自主地抽搐的症状。②颤动。

119. 抓阄 [jiū]：每人从预先做好记号的纸卷或纸团中摸取一个，以决定谁该得什么或做什么。

120. 靡靡 [mǐ] 之音：颓废、低级趣味的乐曲。

121. 内疚 [jiù]：心中惭愧不安。

122. 既 [jì] 往不咎 [jiù]：原指已经做完或做过的事，就不必再责怪了。现指对以往的过错不再责备。

123. 罄 [qìng] 竹难书：形容事实（多指罪恶）多得写不完。

124. 咀嚼 [jǔ jué]：①用牙齿磨碎食物。　②比喻对事物反复体会。

125. 循规蹈矩 [xún guī dǎo jǔ]：循、蹈：遵循，依照。规、矩是定方圆的标准工具，借指行为的准则。原指遵守规矩，不敢违反。现也指拘守旧准则，不敢稍做变动。

126. 镌 [juān] 刻：雕刻。

127. 隽 [juàn] 永：（言语诗文）意味深长。

128. 角 [jué] 色：①戏剧或电影、电视中，演员扮演的剧中人物。②比喻生活中某种类型的人物。

129. 角逐 [jué zhú]：①武力竞争。②泛指竞争。

130. 倔强 [jué jiàng]：（性情）刚强不屈。

131. 崛 [jué] 起：①（山峰等）突起。②兴起。

132. 一蹶 [jué] 不振：蹶，栽跟头；振，振作。一跌倒就再也爬不起来。比喻遭受一次挫折以后就再也振作不起来。

133. 矍铄 [jué shuò]：形容老年人很有精神的样子。

134. 细菌 [jūn]：微生物的一大类。

135. 风流倜傥 [tì tǎng]：风流，有才学而不拘礼法；倜傥，卓异，洒脱不拘。形容人有才华而言行不受世俗礼节的拘束。

136. 谆谆 [zhūn] 教诲 [huì]：谆谆，恳切耐心的样子。形容恳切耐心地启发开导。

137. 同仇敌忾 [kài]：同仇，共同对敌；敌，对抗，抵拒；忾，愤怒。指全体一致痛恨敌人。

138. 不卑不亢 [kàng]：卑，自卑；亢，高傲。指对人有恰当的分寸，既不低声下气，也不傲慢自大。

139. 坎坷 [kǎn kě]：①道路、土地坑坑洼洼。②比喻不得志。

140. 恪 [kè] 守：严格遵守。

141. 邋遢 [lā ta]：脏；不整洁。

142. 朗朗 [lǎng] 乾坤：朗朗，明朗、清亮；乾坤，原是《周易》中的两个卦名，这里指天地、世界等。形容政治清明天下太平。

143. 奶酪 [lào]：用牛奶、羊奶、马奶等制成的食品，呈半凝固状。

144. 果实累累 [léi léi]：果实接连成串，指果实很多很茂盛的样子。

145. 罹 [lí] 难：遇灾、遇险而死；被害。

146. 雕镂 [lòu]：雕刻，刻镂。

147. 贿赂 [huì lù]：①用财物买通别人。②用来买通别人的财物。

148. 棕榈 [zōng lú]：又称"棕树"。单子叶植物，棕榈科。常绿乔木。树干直立，不分枝。

149. 抹 [mā] 桌子：擦桌子。

150. 阴霾 [mái]：①天气阴晦、昏暗。②比喻人的心灵上的阴影和不快的气氛。

151. 联袂 [mèi]：手拉着手，比喻一同（来、去等）。

152. 萎靡 [wěi mǐ] 不振：萎靡；颓丧。形容精神不振意志消沉。

读书不觉已春深，一寸光阴一寸金。

153. 愤懑 [fèn mèn]：气愤；抑郁不平。

154. 静谧 [mì]：安静。

155. 分娩 [miǎn]：①人生小孩儿。②动物生幼畜。

156. 荒谬 [huāng miù]：极端错误；非常不合情理。

157. 比肩接踵 [zhǒng]：形容人很多或接连不断。

158. 蓦 [mò] 然：猛然、不经心的。

159. 牟 [móu] 取：①设谋攻取。②设法取得。

160. 模 [mú] 样：①人的长相或装束打扮的样子。②表示约略的情况。

161. 气馁 [něi]：丧失信心和勇气。

162. 隐匿 [nì]：隐藏躲起来。

163. 亲昵 [nì]：十分亲密亲热。

164. 拈 [niān] 花惹草：比喻到处留情。

165. 宁 [nìng] 死不屈：宁愿死也不屈服。

166. 泥泞 [nìng]：①泥烂而滑。②烂泥。

167. 忸怩 [niǔ ní]：不好意思，惭愧或不大方的样子。

168. 执拗 [zhí niù]：固执任性，不听别人意见。

169. 驽 [nú] 马：劣马。

170. 扒 [pá] 手：从别人身上摸取财物的小偷。

171. 心宽体胖 [pán]：原指人心胸开阔，外貌就安详。后用来指心情愉快，无所牵挂，因而人也发胖。

172. 分道扬镳 [biāo]：分路而行。比喻目标不同，各走各的路或各干各的事。

173. 滂沱 [pāng tuó]：①雨下的很大。②形容泪流的多，哭的厉害。

174. 彷徨 [páng huáng]：犹疑不决。

175. 毗 [pí] 邻：连接、毗连。

176. 癖好 [pǐ hào]：对某种事物的特别爱好。

177. 否 [pǐ] 极泰来：逆境达到极点，就会向顺境转化。指坏运到头好运就来了。

178. 媲 [pì] 美：两者之间美的、好的程度差不多。

179. 扁 [piān] 舟：小船。

180. 大腹 [fù] 便便 [pián]：形容肥胖的样子。

181. 剽窃 [piāo qiè]：抄袭、窃取他人的思想或言词。

182. 湖泊 [pō]：湖的总称。

183. 糟粕 [pò]：①酒糟、豆渣等粗劣食物。②比喻无价值的东西。

184. 解剖 [pōu]：①为了研究人体或动植物体各器官的生理构造，用刀、剪把人体或动植物体剖开。②比喻分析、剖析。

185. 一曝 [pù] 十寒：原意是说，虽然是最容易生长的植物，晒一天冻十天，也不可能生长。比喻学习或工作一时勤奋，一时又懒散，没有恒心。

186. 蹊跷 [qī qiāo]：奇怪；可疑。

187. 祈 [qí] 祷：祷告。

188. 歧 [qí] 途：错误的道路。

189. 绮 [qǐ] 丽：①华美艳丽；鲜明美丽。②形容辞藻华丽。

190. 休憩 [qì]：休息。

191. 关卡 [qiǎ]：为收税或警备在交通要道设立的检查站、岗哨。

192. 悭吝 [qiān lìn]：小气，吝啬。

193. 潜 [qián] 移默化：潜：暗中，不见形迹；默：不说话，没有声音。指人的思想或性格不知不觉受到感染、影响而发生了变化。

194. 虔 [qián] 诚：恭敬而有诚意。

195. 戕 [qiāng] 害：残害、伤害。

196. 勉强 [qiǎng]：①使人去做不愿做的事。②能力不足或心中不愿但还尽力去做，强人所难。

197. 襁褓 [qiǎng bǎo]：背负婴儿用的宽带和包裹婴儿的被子。后亦泛指婴儿包。

198. 怯懦 [qiè nuò]：懦弱；胆小怕事。

199. 锲 [qiè] 而不舍：锲：镂刻；舍：停止。不断地镂刻。比喻有恒心，有毅力。

200. 惬 [qiè] 意：心情舒畅；称意。

201. 引擎 [qíng]：即"发动机"。

202. 龋 [qǔ] 齿：牙齿发生腐蚀的病变，在牙面上形成龋洞，逐渐扩大，最

良言一句三冬暖，恶语伤人六月寒。

后可使牙齿全被破坏。

203. 面面相觑 [qù]：觑：看。你看我，我看你，不知道如何是好。形容人们因惊惧或无可奈何而互相望着，都不说话。

204. 斡 [wò] 旋：调解。

205. 商榷 [què]：商量，讨论。

206. 荏苒 [rěn rǎn]：①形容时间渐渐逝去。②蹉跎，拖延时间。

207. 妊娠 [rèn shēn]：妇女怀孕的过程。

208. 冗 [rǒng] 长：（文章、讲话等）废话多，拉得很长。

209. 潸 [shān] 然泪下：潸然，流泪的样子。形容眼泪流下来。

210. 禅 [shàn] 让：原始社会末期产生部落联盟领袖的制度。

211. 赡 [shàn] 养：成年子女或晚辈对父母或其他长辈在物质上的帮助和生活上的照顾。

212. 老骥 [jì] 伏枥 [lì]：骥，良马，千里马；枥，马槽，养马的地方。比喻有志向的人虽然年老，仍有雄心壮志。

213. 退避三舍 [tuì bì sān shè]：舍，古时行军计程以三十里为一舍。主动退让九十里。比喻退让和回避，避免冲突。

214. 海市蜃 [shèn] 楼：原指海边或沙漠中，由于光线的反向和折射，空中或地面出现虚幻的楼台城郭。现多比喻虚无缥缈的事物。

215. 舐犊 [shì dú] 之情：就是父母对孩子的感情，母牛舐小牛表示关爱。喻人之爱其子女。

216. 束缚 [shù fù]：①捆扎。②约束；限制。

217. 吸吮 [shǔn]：①聚拢嘴唇吸取。②汲取；吸收。③喻榨取；耗费。

218. 瞬 [shùn] 息万变：在极短的时间内就有很多变化。形容变化很多很快。

219. 怂恿 [sǒng yǒng]：煽动，鼓动。

220. 鬼鬼祟祟 [suì]：指行动偷偷摸摸，不光明正大。

221. 鞭挞 [biān tà]：鞭打，比喻抨击。

222. 熏陶 [táo]：人的思想行为因长期接触某事物而受到好的影响。

223. 孝悌 [tì]：孝顺父母，敬爱兄长。

224. 轻佻 [tiāo]：①行动不沉稳。②言行不严肃，不庄重。

225. 请帖 [tiě]：邀请客人的通知。

226. 字帖 [tiè]：学习写字时摹仿的样本。

227. 如火如荼 [tú]：荼，茅草的白花。像火那样红，像荼那样白。原比喻军容之盛。现用来形容大规模的行动气势旺盛，气氛热烈。

228. 湍 [tuān] 急：水流急速的样子。

229. 颓 [tuí] 废：①坍塌荒废。②意志消沉，精神萎靡。

230. 蜕 [tuì] 化：蝉、蛇类脱皮。比喻变质、变坏，腐化堕落。

231. 囤 [tún] 积：投机商人为等待时机高价出售而把货物储存起来。

232. 邂逅 [xiè hòu]：①不期而遇。②偶遇。

玉不琢，不成器；人不学，不知道。

附录一　易读错姓氏

姓氏是凝聚族人的重要力量，姓氏是中华民族的血脉之根。每个姓氏都有独特的文化内涵；姓氏文化源远流长，是中华民族传统文化的重要内容，也是凝聚中华民族的纽带。中国的姓氏有很多，生活中难免出现姓氏被误读的情况，让我们一起了解部分异读姓氏，去感受博大精深的姓氏文化。

1. 解姓
"解"姓，应读 xiè，不读 jiě；如明代才子解缙。

2. 任姓
"任"姓，应读 rén，不读 rèn；如革命家任弼时，金庸小说《笑傲江湖》中的任盈盈。

3. 华姓
"华"姓，应读 huà，不读 huá；如数学家华罗庚，三国时的神医华佗。

4. 朴姓
"朴"姓，应读 piáo，不读 pǔ；此姓朝鲜族多见。

5. 查姓
"查"姓，应读 zhā，不读 chá；如知名作家金庸原名查良镛。

6. 仇姓
"仇"姓，应读 qiú，不读 chóu；如明代著名画家仇英。

7. 区姓
"区"姓，应读 ōu，不读 qū；如柳宗元《童区寄传》中的区寄，前国家足球队的门将区楚良。

8. 盖姓
"盖"姓，应读 gě，不读 gài；如电影明星盖丽丽。

9. 曾姓
"曾"姓，应读 zēng，不读 céng；如春秋时期孔门七十二贤之一曾子、北宋文学家曾巩、晚清重臣曾国藩等。

10. 燕姓

"燕"姓，应读 yān，不读 yàn；如《水浒传》中浪子燕青。

11. 臧姓

"臧"姓，应读 zāng，不读 zàng；如著名诗人臧克家。

12. 曲姓

"曲"姓，应读 qū，不读 qǔ；在唐中期以后才出现曲姓，如中国人民解放军战斗英雄曲光喜。

13. 应姓

"应"姓，应读 yīng，不读 yìng；如香港艺人应采儿。

14. 撒姓

"撒"姓，应读 sǎ，不读 sà；如中央电视台主持人撒贝宁。

15. 单姓

"单"姓，应读 shàn，不读 dān；如著名评书艺术家单田芳。

16. 阚姓

"阚"姓，应读 kàn，不读 hǎn；如三国时吴国学者阚泽、演员阚清子。

17. 都姓

"都"姓，应读 dū，不读 dōu；如明代进士都穆。

18. 哈姓

"哈"姓，应读 hǎ，不读 hā；如春晚总导演哈文。

19. 纪姓

"纪"姓，应读 jǐ，不读 jì；如清代政治家、文学家纪晓岚。

20. 令狐姓

"令"姓，应读 líng，不读 lìng；如唐代宰相令狐楚。

风声、雨声、读书声，声声入耳；家事、国事、天下事，事事关心。

附录二 易读错的地名

　　地名文化是中华文化不可或缺的组成部分，很多地名具有独特的地理文化、悠久的历史文化和质朴的乡土文化内涵，但中国幅员辽阔，很多地名极易误读。以下列举了各省市易读错的地名，挑战一下，看看你能读对多少？

北京：

大栅栏（shí làn）　　　　十里堡（pù）

天津：

蓟（jì）县

上海：

莘（xīn）庄

重庆：

涪陵（fú líng）　　　　綦（qí）江

安徽：

蚌埠（bèng bù）　　　涡（guō）阳　　　　六（lù）安

砀（dàng）山　　　　亳（bó zhōu）州　　　黟（yī）县

歙（shè）县　　　　枞（zōng）阳

吉林：

桦（huà）甸　　　　珲（hún）春

山东：

鄄（juàn）城　　　　临朐（lín qú）　　　兖（yǎn）州

莒（jǔ）县　　　　荏（chí）平　　　　淄（zī）博

郯（tán）城　　　　单县（shàn）　　　莘（shēn）县

东阿（ē）　　　　曲阜（qū fù）　　　芝罘（fú）

江苏：

溧（lì）阳　　　　邳（pī）州　　　　邗（hán）江

盱眙（xū yí）　　　睢（suī）宁　　　　氾（fàn）水

老吾老以及人之老；幼吾幼以及人之幼。

山西：

隰（xí）县　　　　　　洪洞（hóng tóng）　　　临汾（lín fén）

忻（xīn）州

陕西：

吴堡（wú bǔ）　　　　鄠邑（hù yì）

浙江：

嵊（shèng）州　　　　鄞（yín）州　　　　　　丽（lí）水

台（tāi）州　　　　　　乐清（yuè）　　　　　　诸暨（jì）

江西：

婺（wù）源　　　　　　铅（yán）山　　　　　　弋（yì）阳

河南：

柘（zhè）城　　　　　　渑（miǎn）池　　　　　　荥（xíng）阳

浚（xùn）县　　　　　　睢县（suī）　　　　　　汜（sì）水

泌（bì）阳　　　　　　长垣（yuán）

湖南：

枨（chéng）冲　　　　　崀山（làng）　　　　　　郴（chēn）州

耒（lěi）阳　　　　　　汨（mì）罗　　　　　　　芷（zhǐ）江

湖北：

黄陂（pí）　　　　　　沌（zhuàn）口　　　　　　蕲（qí）春

秭（zǐ）归

四川：

邛崃（qióng lái）　　　阆中（làng）　　　　　　郫（pí）县

珙（gǒng）县

河北：

鄚（mào）州　　　　　　井陉（xíng）　　　　　　蠡（lǐ）县

蔚（yù）县　　　　　　藁（gǎo）城　　　　　　涿（zhuō）州

乐（lào）亭　　　　　　大（dài）城　　　　　　柴沟堡（bǔ）

云南：

勐海（měng）

三更灯火五更鸡，正是男儿读书时。

黑龙江：

穆棱（mù líng）

新疆：

巴音郭楞（léng）　　　尉犁（yù lí）

内蒙古：

巴彦淖（nào）尔　　　古磴（dèng）口

甘肃：

宕（dàng）昌　　　崆峒（kōng tóng）

广东：

东莞（guǎn）　　　番禺（pān yú）

福建：

太姥（mǔ）山　　　闽侯（hòu）

海南：

儋（dān）州

香港：

尖沙咀（zuǐ）

中篇

成语篇

一

诗 文 成 语

////////

　　成语是流传千年依然经久不衰的语言精华，诗文是穿越千年依然至简至美的亮丽风景。采撷诗海之一粟，折射成语文化之光辉；畅游于成语文化长廊，品味诗情文意。欣赏脍炙人口的古诗文成语，感受积淀千年的中华文化精髓。

1. 春风得意 [chūn fēng dé yì]

出自唐·孟郊《登科后》："昔日龌龊不足夸，今朝放荡思无涯。春风得意马蹄疾，一日看尽长安花。"

释义：指进士及第，也用来形容人官场腾达或事业顺心时扬扬得意的样子。

2. 不堪回首 [bù kān huí shǒu]

出自南唐·李煜《虞美人》："春花秋月何时了，往事知多少？小楼昨夜又东风，故国不堪回首月明中。雕栏玉砌应犹在，只是朱颜改。问君能有几多愁？恰似一江春水向东流。"

释义：对以前的情景有诸多感慨，所以不忍心回忆旧事，以免徒增伤痛。

3. 万紫千红 [wàn zǐ qiān hóng]

出自宋·朱熹《春日》："胜日寻芳泗水滨，无边光景一时新。等闲识得东风面，万紫千红总是春。"

释义：形容百花齐放，颜色艳丽。也形容事物丰富多彩或事业繁荣兴旺。

4. 绿肥红瘦 [lù féi hóng shòu]

出自宋·李清照《如梦令》："昨夜雨疏风骤。浓睡不消残酒。试问卷帘人，却道"海棠依旧"。知否，知否？应是绿肥红瘦！"

释义：指花已逐渐开败，而草木枝叶正盛的暮春景色。

5. 柳暗花明 [liǔ àn huā míng]

出自宋·陆游《游山西村》："莫笑农家腊酒浑，丰年留客足鸡豚。山重

人无远虑，必有近忧。

水复疑无路，柳暗花明又一村。箫鼓追随春社近，衣冠简朴古风存。从今若许闲乘月，拄杖无时夜叩门。"

释义：形容柳树成荫，繁花耀眼的美景。也比喻在困难中出现转机，看到希望。

6. 春回大地 [chūn huí dà dì]

出自宋·周紫芝《太仓稊米集·岁杪雨雪连日闷题二首》："树头雪过梅犹在，地上春回柳未知。旧岁新年浑似梦，冻云寒雨不胜悲。"

释义：好像春天又回到大地。形容严寒已过，温暖和生机又来到人间。

7. 春满人间 [chūn mǎn rén jiān]

出自宋·曾巩《元丰类稿·班春亭》："山亭尝自绝浮埃，山路辉光五马来。春满人间不知主，谁言炉冶此中开？"

释义：生机勃勃的春意充满人间。

8. 桃红柳绿 [táo hóng liǔ lǜ]

出自唐·王维《田园乐》（其六）："桃红复含宿雨，柳绿更带朝烟。花落家童未扫，莺啼山客犹眠。"

释义：指桃花嫣红，柳枝碧绿。形容花木繁盛、色彩鲜艳的景色。

9. 人杰地灵 [rén jié dì líng]

出自唐·王勃《滕王阁序》："物华天宝，龙光射牛斗之墟；人杰地灵，徐孺下陈蕃之榻。"

释义：指杰出的人物出生或到过的地方成为名胜之区，也指杰出人物生于灵秀之地。

10. 傲雪凌霜 [ào xuě líng shuāng]

出自宋·杨无咎《柳梢青》："傲雪凌霜。平欺寒力，搀借春光。步绕西湖，兴余东阁，可奈诗肠。娟娟月转回廊。"

释义：形容不畏霜雪严寒，外界条件越艰苦越有精神。比喻经过长期磨炼，面对冷酷迫害或打击毫不示弱、无所畏惧。

11. 玉树琼枝 [yù shù qióng zhī]

出自南唐·李煜《破阵子》："四十年来家国，三千里地山河。凤阁龙楼连霄

汉，玉树琼枝作烟萝，几曾识干戈。一旦归为臣虏，沈腰潘鬓消磨。最是仓皇辞庙日，教坊犹奏别离歌，垂泪对宫娥。"

释义：形容树木华美。比喻贵家子弟。

12. 雪泥鸿爪 [xuě ní hóng zhǎo]

出自宋·苏轼《和子由渑池怀旧》："人生到处知何似？应似飞鸿踏雪泥。泥上偶然留指爪，鸿飞那复计东西？老僧已死成新塔，坏壁无由见旧题。往日崎岖还记否？路长人困蹇驴嘶。"

释义：鸿雁在雪泥（融化着雪水的泥土）上踏过留下的痕迹。比喻往事遗留下的痕迹。

13. 暗香疏影 [àn xiāng shū yǐng]

出自宋·林逋《山园小梅》："众芳摇落独暄妍，占尽风情向小园。疏影横斜水清浅，暗香浮动月黄昏。霜禽欲下先偷眼，粉蝶如知合断魂。幸有微吟可相狎，不须檀板共金樽。"

释义：扑鼻的清香，稀疏的树影。形容梅花。

14. 暗送秋波 [àn sòng qiū bō]

出自宋·苏轼《百步洪二首》（其二）："佳人未肯回秋波，幼舆欲语防飞梭。"

释义：原指暗中眉目传情，后泛指献媚取宠，暗中勾搭。

15. 金风玉露 [jīn fēng yù lù]

出自唐·李商隐《辛未七夕》："恐是仙家好别离，故教迢递作佳期。由来碧浪银河畔，可要金风玉露时。清漏渐移相望久，微云未接过来迟。岂能无意酬乌鹊，惟与蜘蛛乞巧丝。"

释义：泛指秋天的景物。

16. 秋风萧瑟 [qiū fēng xiāo sè]

出自汉·曹操《观沧海》："东临碣石，以观沧海。水何澹澹，山岛竦峙。树木丛生，百草丰茂。秋风萧瑟，洪波涌起。日月之行，若出其中。星汉灿烂，若出其里。幸甚至哉，歌以咏志。"

释义：萧瑟，形容风吹拂树木发出的声音。秋风萧瑟就是秋风吹树木的声音。

君子之交淡如水，小人之交甘若醴。

17. 秋高气爽 [qiū gāo qì shuǎng]

出自唐·杜甫《崔氏东山草堂》："爱汝玉山草堂静，高秋爽气相鲜新。有时自发钟磬响，落日更见渔樵人。盘剥白鸦谷口栗，饭煮青泥坊底芹。何为西庄王给事，柴门空闭锁松筠。"

释义：秋天天空晴朗明净，气候凉爽宜人。

18. 春去秋来 [chūn qù qiū lái]

出自明·刘基《大堤曲》："春去秋来年复年，生歌死哭长相守。"

释义：春天过去，秋天到来。形容时光流逝。

19. 桂子飘香 [guì zǐ piāo xiāng]

出自唐·宋之问《灵隐寺》："楼观沧海日，门对浙江潮。桂子月中落，天香云外飘。"

释义：中秋前后桂花开放，散发馨香，令人回味。形容中秋节前后的佳景。

20. 春华秋实 [chūn huá qiū shí]

出自清·钱泳《履园丛话·梦幻·永和银杏》："扬州钞关官署东隅，有银杏树一株，其大数围，直干凌霄，春花秋实"。

释义：春天开花，秋天结果，多用于比喻事物的因果关系，后引申比喻文采与德行，亦指时间的流逝，岁月的变迁。

21. 西风残照 [xī fēng cán zhào]

出自唐·李白《忆秦娥》："乐游原上清秋节，咸阳古道音尘绝。音尘绝，西风残照，汉家陵阙。"

释义：秋天的风，落日的光。比喻衰败没落的景象。

22. 望穿秋水 [wàng chuān qiū shuǐ]

出自元·王实甫《西厢记》："望穿他盈盈秋水，蹙损他淡淡春山。"

释义：秋水：比喻人的眼睛。把眼睛都望穿了，形容盼望得非常急切。

23. 一日三秋 [yī rì sān qiū]

出自《诗经·王风·采葛》："彼采葛兮，一日不见，如三月兮。彼采萧兮，一日不见，如三秋兮。彼采艾兮，一日不见，如三岁兮。"

千磨万击还坚劲，任尔东西南北风。

释义：一天不见，就好像过了三年，形容思念人的心情非常迫切。

24. 各有千秋 [gè yǒu qiān qiū]

出自汉·李陵《与苏武三首》："嘉会难再遇，三载为千秋。"

释义：各有各的存在价值；各有所长；各有特色。

25. 多事之秋 [duō shì zhī qiū]

出自唐·崔致远《前宣州当涂县令王翱摄扬子》："今以杨子一同繁剧，四达要冲，每当使命交驰，实托宰僚勤干，遂重责成之寄，况逢多事之秋。而乃有令患风，请告逾月，若言考秩，亦合替移，固选长才，俾修阙政。"

释义：事故或事变多的时期，多指动荡不安的政局。

26. 寸草春晖 [cùn cǎo chūn huī]

出自唐·孟郊《游子吟》："慈母手中线，游子身上衣。临行密密缝，意恐迟迟归。谁言寸草心，报得三春晖！"

释义：比喻父母的恩情子女难以报答。

27. 走马观花 [zǒu mǎ guān huā]

出自唐·孟郊《登科后》："昔日龌龊不足夸，今朝放荡思无涯。春风得意马蹄疾，一日看尽长安花。"

释义：比喻粗略地观察事物。也说走马看花。

28. 物是人非 [wù shì rén fēi]

出自宋·李清照　《武陵春》："　风住尘香花已尽，日晚倦梳头。物是人非事事休，欲语泪先流。闻说双溪春尚好，也拟泛轻舟。只恐双溪舴艋舟，载不动许多愁。"

释义：景物依旧，而人的情况却完全不同。多用来表示对故人怀念或对世事变化的慨叹。

29. 回眸一笑 [huí móu yī xiào]

出自唐·白居易《长恨歌》："天生丽质难自弃，一朝选在君王侧。回眸一笑百媚生，六宫粉黛无颜色。"

释义：眸，眼珠。转动眼珠，嫣然一笑。常用以形容女子妩媚的表情。

一日不读书，胸臆无佳想。

30. 折戟沉沙 [zhé jǐ chén shā]

出自唐·杜牧《赤壁》："折戟沉沙铁未销，自将磨洗认前朝。东风不与周郎便，铜雀春深锁二乔。"

释义：戟，古代的一种兵器。折断了的戟沉埋在沙中。比喻惨遭失败。

31. 人面桃花 [rén miàn táo huā]

出自唐·崔护《题都城南庄》："去年今日此门中，人面桃花相映红。人面不知何处去，桃花依旧笑春风。"

释义：形容男女邂逅钟情，随即分离之后，男子追念旧事的情形。

32. 英姿飒爽 [yīng zī sà shuǎng]

出自唐·杜甫《丹青引赠曹将军霸》："褒公鄂公毛发动，英姿飒爽来酣战。"

释义：形容英俊威武、精神焕发的样子。

33. 心有灵犀 [xīn yǒu líng xī]

出自唐·李商隐《无题二首》（其一）："昨夜星辰昨夜风，画楼西畔桂堂东。身无彩凤双飞翼，心有灵犀一点通。隔座送钩春酒暖，分曹射覆蜡灯红。嗟余听鼓应官去，走马兰台类转蓬。"

释义：原比喻恋爱着的男女心心相印，现泛指彼此的心意相通。

34. 海枯石烂 [hǎi kū shí làn]

出自金·元好问《摸鱼儿》："海枯石烂情缘在，幽恨不埋黄土。"

释义：直到海水枯干，石头粉碎，形容经历极长的时间（多用于誓言，反衬意志坚定，永远不变）。

35. 金戈铁马 [jīn gē tiě mǎ]

出自宋·辛弃疾《永遇乐·京口北固亭怀古》："千古江山，英雄无觅，孙仲谋处。舞榭歌台，风流总被，雨打风吹去。斜阳草树，寻常巷陌，人道寄奴曾住。想当年，金戈铁马，气吞万里如虎。"

释义：金属制的戈，披铁甲的战马，借指威武雄壮的军队，也指战争或军旅生涯。

老当益壮，宁移白首之心；穷且益坚，不坠青云之志。

36. 悲欢离合 [bēi huān lí hé]

出自宋·苏轼《水调歌头》："转朱阁，低绮户，照无眠。不应有恨，何事长向别时圆？人有悲欢离合，月有阴晴圆缺，此事古难全。但愿人长久，千里共婵娟。"

释义：悲伤和欢乐，离别和团聚，泛指生活中的种种境遇。

37. 名垂千古 [míng chuí qiān gǔ]

出自唐·杜甫《醉时歌》："德尊一代常坎坷，名垂千古知何用！"

释义：好的名声永远流传，也说名垂千秋。

38. 江山如画 [jiāng shān rú huà]

出自宋·苏轼《念奴娇·赤壁怀古》："大江东去，浪淘尽，千古风流人物。故垒西边，人道是，三国周郎赤壁。乱石穿空，惊涛拍岸，卷起千堆雪。江山如画，一时多少豪杰。"

释义：形容自然风光美丽如图画。

39. 冰心玉壶 [bīng xīn yù hú]

出自唐·王昌龄《芙蓉楼送辛渐》："寒雨连江夜入吴，平明送客楚山孤。洛阳亲友如相问，一片冰心在玉壶。"

释义：冰心、玉壶，比喻人纯洁清白的情操。

40. 敏而好学 [mǐn ér hào xué]

出自《论语·公冶长》："子曰：'敏而好学，不耻下问，是以谓之文也。'"

释义：天资聪明而又好学。

41. 不耻下问 [bù chǐ xià wèn]

出自《论语·公冶长》："敏而好学，不耻下问。"

释义：不以向地位比自己低、知识比自己少的人请教为耻。

42. 良师益友 [liáng shī yì yǒu]

出自《论语·述而》："三人行必有我师焉，择其善者而从之，其不善者而改之。"《论语·季氏》："益者三友，损者三友。友直，友谅，友多闻，益矣；友便辟，友善柔，友便佞，损矣。"

谁言寸草心，报得三春晖。

释义：使人得到教益和帮助的好老师、好朋友。

43. 察言观色 [chá yán guān sè]

出自《论语·颜渊》："夫达也者，质直而好义，察言而观色，虑以下人。"

释义：观察言语脸色来揣摩对方的心意。

44. 成仁取义 [chéng rén qǔ yì]

出自《论语·卫灵公》："志士仁人，无求生以害人，有杀身以成仁。"

释义：指为正义事业牺牲生命。

45. 大动干戈 [dà dòng gān gē]

出自《论语·季氏》："邦分崩离析，而不能守业；而谋动干戈于邦内。"

释义：原指发动战争，现多比喻兴师动众或大张声势地做事。

46. 发愤忘食 [fā fèn wàng shí]

出自《论语·述而》："发愤忘食，乐以忘忧，不知老之将至云尔。"

释义：决心努力，也作发奋。

47. 诲人不倦 [huì rén bù juàn]

出自《论语·述而》："学而不厌，诲人不倦，何有于我哉？"

释义：教育人极有耐心，从不厌倦。

48. 尽善尽美 [jìn shàn jìn měi]

出自《论语·八佾》："子谓《韶》：'尽美矣，又尽善也。'谓《武》：'尽美矣，未尽善也。'"

释义：非常完美，没有缺陷。

49. 举一反三 [jǔ yī fǎn sān]

出自《论语·述而》："举一隅不以三隅反，则不复也。"

释义：从一件事情类推而知道许多事情。也说一隅反三。

50. 乐山乐水 [lè shān lè shuǐ]

出自《论语·雍也》："知者乐水，仁者乐山。"

释义：乐，喜爱，爱好。有人喜爱水，有人喜爱山。比喻各人的爱好不同。

大鹏一日同风起，扶摇直上九万里。

典 故 成 语

　　成语是浓缩的文化瑰宝，许多成语出自浩如烟海的历史文化典籍，凝聚着古人的智慧，折射出历史的千姿百态。中国智慧，自成语境。走进典故成语，体味中华文化的博大精深。

1. 图穷匕见（荆轲）

出自《战国策·燕策三》：秦王谓轲曰："起，取武阳所持图。"轲既取图奉之。发图，图穷而匕首见。

释义：比喻事情发展到最后，真相或本意显露了出来。

2. 梦笔生花（李白）

出自五代·王仁裕《开元天宝遗事·梦笔头生花》：李太白少时，梦所用之笔头上生花，后天才赡逸，名闻天下。

释义：比喻写作能力大有进步，也形容文章写得很出色。

3. 倚马可待（袁虎）

出自《世说新语·文学》：桓宣武北征，袁虎时从，被责免官，会须露布文，唤袁倚马前令作，手不辍笔，俄得七纸，殊可观。袁虎云："当令齿舌间得利。"

释义：靠着即将出征的战马起草文件，可以立等完稿。形容文思敏捷，写文章快。

4. 东山再起（谢安）

出自《晋书·谢安传》：隐居会稽东山，年逾四十复出为桓温司马，累迁中书、司徒等要职，晋室赖以转危为安。

释义：指失势之后重新恢复地位。

路漫漫其修远兮，吾将上下而求索。

5. 纸上谈兵（赵括）

出自《史记·廉颇蔺相如列传》：赵括自少时学兵法，言兵事，以天下莫能当。尝与其父奢言兵事，奢不能难，然不谓善。括母问奢其故，奢曰："兵，死地也，而括易言之。使赵不将括，即已；若必将之，破赵军者必括也！"

释义：在纸面上谈论打仗。比喻空谈理论，不能解决实际问题，也比喻空谈不能成为现实。

6. 截发留宾（陶侃）

出自《世说新语·贤媛》：侃母湛氏语侃曰："汝但出外留客，吾自为计。"湛头发委地，下为二髲，卖得数斛米，斫诸屋柱，悉割半为薪，锉诸荐以为马草。日夕遂设精食，从者皆无所乏。逵既叹其才辩，又深愧其厚意。

释义：把头发剪了换米来招待客人，形容母亲贤德好客。

7. 嗟来之食（黔敖）

出自《礼记·檀弓下》：予唯不食嗟来之食，以至于斯也！

释义：泛指带有侮辱性的施舍。

8. 投笔从戎（班超）

出自《后汉书·班超传》：大丈夫无它志略，犹当效傅介子、张骞立功异域，以取封侯，安能久事笔砚间乎？

释义：指文人从军。

9. 力透纸背（颜真卿）

出自唐·颜真卿《张长史十二意笔法意记》：当其用锋，常欲使其透过纸背，此成功之极矣。

释义：形容书法遒劲有力，也形容文章深刻有力。

10. 暴殄天物（商王）

出自《尚书·武成》：今商王受无道，暴殄天物，害虐烝民。

释义：任意糟蹋东西。殄，灭绝；天物，指自然界的鸟兽草木等。

11. 怒发冲冠（蔺相如）

出自《史记·廉颇蔺相如列传》：相如因持璧却立倚柱，怒发上冲冠。

释义：因怒而头发直竖，把帽子都顶开了，形容极端愤怒。

12. 破釜沉舟（项羽）

出自《史记·项羽本纪》：项羽乃悉引兵渡河，皆沉船，破釜甑，烧庐舍，持三日粮，以示士卒必死，无一还心。

释义：比喻下决心，不顾一切干到底。

13. 程门立雪（杨时、程颐）

出自《宋史·杨时传》：颐既觉，则门外雪深一尺矣。

释义：形容尊师重道，恭敬求教。

14. 韦编三绝（孔子）

出自《史记·孔子世家》：（孔子）读《易》，韦编三绝。

释义：孔子晚年很爱读《周易》，翻来覆去的读，使穿连《周易》竹简的皮绳断了好几次。后形容读书勤奋。

15. 风声鹤唳（苻坚）

出自唐·房玄龄等《晋书·谢玄传》：闻风声鹤唳，皆以为王师已至。

释义：形容惊慌疑惧。

16. 墨守成规（墨子）

出自明·黄宗羲《钱退山诗文序》：如钟嵘之《诗品》，辨体明宗，固未尝墨守一家以为准的也。

释义：形容因循守旧，不肯改进。

17. 一鼓作气（曹刿 guì）

出自《左传·庄公十年》：夫战，勇气也。一鼓作气，再而衰，三而竭。

释义：趁劲头大的时候抓紧做，一下子把事情做完。

18. 暗度陈仓（韩信）

出自元·无名氏《暗度陈仓》第二折：着樊哙明修栈道，俺可暗度陈仓古道。这楚兵不知是智，必然排兵在栈道守把。俺往陈仓古道抄截，杀他个措手不及也。

释义：借指暗中进行某种活动，用假象迷惑对方以达到某种目的。

从善如登，从恶如崩。

19. 东窗事发（秦桧）

出自元·孔文卿《东窗事犯》第二折：吾乃地藏神，化为呆行者，在灵隐寺中，泄漏秦太师东窗事犯。

释义：指罪行、阴谋败露。

20. 拾人牙慧（殷浩）

出自《世说新语·文学》：殷中军云："康伯未得我牙后慧。"

释义：拾取人家的只言片语当作自己的话。

21. 一字之师（郑谷）

出自宋·计有功《唐诗纪事》：郑谷改僧齐己《早梅》诗："数枝开"作"一枝开"。齐己下拜，时人以谷为一字师。

释义：改正一个字的老师。有些好诗文，经旁人改换一个字后更为完美，往往称改字的人为"一字师"或"一字之师"。

22. 手不释卷（吕蒙）

出自《三国志·吴书·吕蒙传》注引《江表传》：光武当兵马之务，手不释卷。

释义：手里的书舍不得放下，形容读书勤奋或看书入迷。

23. 四面楚歌（项羽）

出自《史记·项羽本纪》：项王军壁垓下，兵少食尽，汉军及诸侯兵围之数重。夜闻汉军四面皆楚歌，项王乃大惊，曰："汉皆已得楚乎？是何楚人之多也。"

释义：形容四面受敌，处于孤立危急的困境。

24. 黄袍加身（赵匡胤）

出自《宋史·太祖本纪》：诸校露刃列于庭曰："诸军无主，愿策太尉为天子。"未及对，有以黄衣加太祖身，众皆罗拜呼万岁。

释义：五代后周时，赵匡胤在陈桥兵变，部下给他披上黄袍，推拥为皇帝。后指政变成功，夺得政权。

25. 孺子可教（张良）

出自《史记·留侯世家》：父去里所，复还，曰："孺子可教矣。"

释义：指年轻人有出息，可以把本事传授给他。

青春须早为，岂能长少年。

26. 席不暇暖（陈蕃）

出自《世说新语·德行》：武王式商容之闾，席不暇暖，吾之礼贤，有何不可？

释义：座位还没坐热就走了，形容很忙。

27. 高山流水（俞伯牙、钟子期）

出自《列子·汤问》：伯牙鼓琴，志在高山，钟子期曰："善哉，峨峨兮若泰山！"志在流水，曰："善哉，洋洋兮若江河！"

释义：指知己难遇或乐曲高妙。

28. 一饭千金（韩信）

出自《史记·淮阴侯列传》："信钓于城下，诸漂母漂，有一母见信饥，饭信，竟漂数十日。"又："信至国，如所从食漂母，赐千金。"

释义：比喻厚厚地报答对自己有恩的人。

29. 老当益壮（马援）

出自《后汉书·马援传》：丈夫为志，穷当益坚，老当益壮。

释义：年纪虽老，志向更高、劲头儿更大。

30. 画龙点睛（张僧繇 yóu）

出自唐·张彦远《历代名画记·张僧繇》：金陵安乐寺四白龙不点眼睛，每云："点睛即飞去。"人以为妄诞，固请点之。须臾雷电破壁，两龙乘云腾去上天，二龙未点眼者见在。

释义：原形容梁代画家张僧繇作画的神妙。比喻作文或说话时在关键地方加上精辟的语句，使内容更加生动传神。

31. 卧薪尝胆（勾践）

出自《史记·越王勾践世家》：越王勾践反国，乃苦身焦思，置胆于坐，坐卧即仰胆，饮食亦尝胆也。

释义：形容人刻苦自励，奋发图强。

32. 泰山北斗（韩愈）

出自《新唐书·韩愈传》：自愈没，其言大行，学者仰之如泰山北斗。

释义：比喻德高望重或有卓越成就为众人所敬仰的人。

机不可失，失不再来。

33．马革裹尸（马援）

出自《后汉书·马援传》：男儿要当死于边野，以马革裹尸还葬耳，何能卧床上在儿女子手中邪？

释义：用马皮把尸体裹起来，指军人战死于战场。

34．七步成诗（曹植）

出自《世说新语·文学》：文帝尝令东阿王七步中作诗，不成者行大法。应声便为诗曰："煮豆持作羹，漉菽以为汁；萁在釜下燃，豆在釜中泣；本自同根生，相煎何太急！"帝深有惭色。

释义：七步之内能完成一首诗。指思维敏捷的文人。

35．负荆请罪（廉颇）

出自《史记·廉颇蔺相如列传》：廉颇闻之，肉袒负荆，因宾客至蔺相如门谢罪。

释义：表示主动向对方承认错误，请求责罚。

36．鞠躬尽瘁（诸葛亮）

出自三国蜀·诸葛亮《后出师表》：臣鞠躬尽瘁，死而后已。

释义：指小心谨慎，贡献出全部精力。

37．一字千金（吕不韦）

出自《史记·吕不韦列传》：布咸阳市门，悬千金其上，延诸侯游士宾客有能增损一字者予千金。

释义：称赞诗文精妙，价值极高。

38．讳疾忌医（蔡桓公）

出自宋·周敦颐《周子通书·过》：今人有过，不喜人规，如讳疾而忌医，宁灭其身而无悟也。

释义：怕人知道有病而不肯医治，比喻掩饰缺点，不愿改正。

39．割席分坐（管宁、华歆）

出自《世说新语·德行》：管宁、华歆共园中锄菜，见地有片金。管挥锄与瓦石不异，华捉而掷去之。又尝同席读书，有乘轩冕过门者，宁读如故，歆

沉舟侧畔千帆过，病树前头万木春。

废书出看。宁割席分坐，曰："子非吾友也！"

　　释义：是把席割断分开坐。比喻朋友绝交。

40．完璧归赵（蔺相如）

出自《史记·廉颇蔺相如列传》：城入赵而璧留秦；城不入，臣请完璧归赵。

　　释义：本指蔺相如将和氏璧完好地自秦送回赵国。后借指原物完整无损地归还本人。

41．揭竿而起（陈胜）

出自汉·贾谊《过秦论》："斩木为兵，揭竿为旗。"

　　释义：指人民起义。

42．指鹿为马（赵高）

出自《史记·秦始皇本纪》：赵高欲为乱，恐群臣不听，乃先设验，持鹿献于二世，曰："马也。"二世笑曰："丞相误邪？谓鹿为马。"问左右，左右或默，或言马以阿顺赵高。

　　释义：比喻颠倒是非。

43．覆巢之下无完卵（孔融）

出自《世说新语·言语》：孔融被收，中外惶怖。时融儿大者九岁，小者八岁。二儿故琢钉戏，了无遽容。融谓使者曰："冀罪止于身，二儿可得全不。"儿徐进曰："大人，岂见覆巢之下，复有完卵乎？"寻亦收至。

　　释义：比喻整体遭殃，个体（或部分）也不能保全。也有面对必然要发生的事情，要从容地面对。不能乱了阵脚的意思。

44．口蜜腹剑（李林甫）

出自宋·司马光《资治通鉴·唐玄宗天宝元年》：尤忌文学之士，或阳与之善，啖以甘言而阴陷之。世谓李林甫"口有蜜，腹有剑"。

　　释义：嘴上说的很甜，肚子里却怀着害人的坏主意。形容人阴险。

45．围魏救赵（孙膑、庞涓）

出自《史记·孙子吴起列传》："邯郸之难，赵求救于齐。田侯召大臣而谋

忧劳可以兴国，逸豫可以亡身。

曰："救赵孰与勿救？"邹子曰："不如勿救。"段干纶曰："弗救，则我不利。"田侯曰："何哉？""夫魏氏兼邯郸，其于齐何利哉？"田侯曰："善。"乃起兵，曰："军于邯郸之郊。"段干纶曰："臣之求利且不利者，非此也。夫救邯郸，军于其郊，是赵不拔而魏全也。故不如南攻襄陵以弊魏，邯郸拔而承魏之弊，是赵破而魏弱也。"田侯曰："善。"乃起兵南攻襄陵。七月，邯郸拔。齐因承魏之弊，大破之桂陵。"

释义：现借指用包抄敌人的后方来迫使敌人撤兵的战术。

46. 病入膏肓（蔡桓公）

出自《左传·成公十年》：疾不可为也，在肓之上，膏之下，攻之不可，达之不及，药不至焉，不可为也。

释义：病到了无法医治的地步，也比喻事情严重到了不可挽救的程度。

47. 身无长物（王恭）

出自《世说新语·德行》：丈人不悉恭，恭作人无长物。

释义：指除自身外再没有多余的东西。形容贫穷。

48. 胸有成竹（文与可）

出自宋·苏轼《文与可画筼筜谷偃竹记》：故画竹，必先得成竹在胸中。

释义：画竹子时心里有一幅竹子的形象。比喻做事之前已经有通盘的考虑。

49. 一人得道，鸡犬升天（刘安）

出自汉·王充《论衡·道虚》：淮南王学道，招会天下有道之人，倾一国之尊，下道术之士，是以道术之士并会淮南，奇方异术，莫不争出。王遂得道，举家升天，畜产皆仙，犬吠于天上，鸡鸣于云中。

释义：比喻一个人得势，他的亲戚朋友也跟着沾光。

50. 道旁苦李（王戎）

出自《世说新语·雅量》：王戎七岁，尝与诸小儿游，看道旁李树多子折枝，诸儿竞走取之，唯戎不动。人问之，答曰："树在道旁而多子，此必苦李。"取之信然。

释义：道路旁的苦李子。比喻庸才、无用之才。

51. 入木三分（王羲之）

出自唐·张怀瓘《书断·王羲之》：晋帝时祭北效，更祝版，工人削之，笔入木三分。

释义：相传晋代书法家王羲之在木板上写字，刻字的人发现墨汁透入木板三分深。后用来形容书法刚劲有力，也用来形容议论、见解深刻。

52. 洛阳纸贵（左思）

出自《晋书·左思传》：于是豪贵之家竞相传写，洛阳为之纸贵。

释义：借指著作广泛流传，风行一时。

53. 三顾茅庐（刘备）

出自三国蜀·诸葛亮《出师表》：先帝不以臣卑鄙，猥自枉屈，三顾臣于草庐之中。

释义：东汉末年，刘备请隐居在隆中草舍的诸葛亮出来运筹划策，去了三次才见到。后用来指真心诚意一再邀请。

54. 司空见惯（刘禹锡）

出自唐·孟棨《本事诗·情感》载刘禹锡诗：司空见惯浑闲事，断尽江南刺史肠。

释义：指看惯了就不觉得奇怪。

55. 望梅止渴（曹操）

出自《世说新语·假谲》：魏武行役，失汲道，军皆渴，乃令曰："前有大梅林，饶子，甘酸可以解渴。"士卒闻之，口皆出水，乘此得及前源。

释义：原意是梅子酸，人想吃梅子就会流涎，因而止渴。后比喻用空想或假象安慰自己。

56. 华亭鹤唳（陆机）

出自《世说新语·尤悔》：陆平原河桥败，为卢志所谗，被诛。临刑叹曰："欲闻华亭鹤唳，可复得乎？"

释义：表现思念怀旧之意。

仰天大笑出门去，我辈岂是蓬蒿人。

57. 退避三舍（晋文公重耳）

出自《左传·僖公二十三年》：晋楚治兵，遇于中原，其辟君三舍。

释义：指对人让步，不与相争。

58. 乐不思蜀（刘禅）

出自《三国志·蜀书·后主传》裴松之注引《汉晋春秋》：问禅曰："颇思蜀否？"禅曰："此间乐，不思蜀。"

释义：乐而忘返。

59. 背水一战（韩信）

出自《史记·淮阴侯列传》：信乃使万人先行，出，背水陈。赵军望见而大笑。

释义：在不利情况下和敌人做最后决战，比喻面临绝境，为求得出路而做最后一次努力。

60. 闻鸡起舞（祖逖）

出自《晋书·祖逖传》：中夜闻荒鸡鸣，蹴琨觉，曰："此非恶声也。"因起舞。

释义：东晋时，祖逖和刘琨二人为好友，常常互相勉励，半夜听到鸡鸣就起床舞剑。后用来指志士及时奋发。

61. 管中窥豹（王献之）

出自《世说新语·方正》：王子敬（王献之）数岁时，尝看诸门生樗蒲，见有胜负，因曰："南风不竞"。门生辈轻其小儿，乃曰："此郎亦管中窥豹，时见一斑。"

释义：通过竹管的小孔来看豹，只看到豹身上的一块斑纹。比喻只见到事物的一小部分，从观察到的部分，可以推测全貌。

62. 赤膊上阵（许褚）

出自明·罗贯中《三国演义》第五十九回：许褚性起，飞回阵中，卸下盔甲，浑身筋突，赤体提刀，翻身上马，来与马超决战。

释义：比喻不讲策略或毫不掩饰地做某事。

63. 兵不厌诈（晋文公）

出自《韩非子·难一》：繁礼君子，不厌忠信；战阵之间；不厌诈伪。君其诈之而已矣。

释义：用兵打仗可以使用欺诈的办法迷惑敌人。

64. 人琴俱亡（王子猷、子敬）

出自《世说新语·伤逝》：王子猷、子敬俱病笃，而子敬先亡。子猷问左右："何以都不闻消息？此已丧矣。"语时了不悲。便索舆来奔丧，都不哭。子敬素好琴，便径入坐灵床上，取子敬琴弹，弦既不调，掷地云："子敬子敬，人琴俱亡。"因恸绝良久，月余亦卒。

释义：形容看到遗物，怀念死者的悲伤心情。常用来比喻对知己、亲友去世的悼念之情。

65. 标新立异（冯怀）

出自《世说新语·文学》：支道林在白马寺中；将冯太常（冯怀）共语；因及《逍遥》，支卓然标新理于二家之表；立异于众贤之外。

释义：提出新奇的主张，表示与一般不同。

66. 蒹葭玉树（夏侯玄、毛曾）

出自《世说新语·容止》：魏明帝使后弟毛曾与夏侯玄并坐，时人谓"蒹葭倚玉树"。

释义：蒹葭，芦苇。玉树，古代神话传说中的仙树。比喻一丑一美不能相比。

67. 东施效颦（东施、西施）

出自《庄子·天运》：故西施病心而矉其里，其里之丑人见而美之，归亦捧心而矉其里。其里之富人见之，坚闭门而不出；贫人见之，絜妻子而去之走。

释义：比喻盲目模仿效果适得其反。

68. 初出茅庐（诸葛亮）

出自明·罗贯中《三国演义》：直须惊破曹公胆，初出茅庐第一功。

释义：比喻刚进入社会或刚到工作岗位上来，缺乏经验。

锲而舍之，朽木不折；锲而不舍，金石可镂。

69. 胡服骑射（赵武灵王）

出自《史记·赵世宗》：今吾（赵武灵王）将胡服骑射以教百姓。

释义：为了加强军事力量，赵武灵王决定改革，让汉人向胡人学习，穿紧袖短衣的胡服，学习骑马射箭。比喻有开拓进取精神。

70. 盲人瞎马（顾恺之、桓玄、殷仲堪）

出自《世说新语·排调》：殷有一参军在坐，云："盲人骑瞎马，夜半临深池。"

释义：盲人骑着瞎马走路。原比喻情况危险或不了解情况就盲目行动，处于极其危险的情况中。后比喻乱闯瞎撞，非常危险。

三

生 肖 成 语

　　成语，言简意赅，意味隽永。它以语言为载体，方寸之间传达出丰富的内涵，是汉语词汇中的璀璨明珠。生肖文化丰富多彩，源远流长，是中华传统民俗文化的瑰宝。当性情各异、寓意无穷的十二生肖遇上形象生动、意味深长的成语，会碰撞出怎样的火花呢？

1. 鼠

　　【抱头鼠窜】抱着头像老鼠那样惊慌逃跑。形容急忙逃走的狼狈相。

　　【投鼠忌器】要打老鼠又怕打坏了它旁边的器物，比喻想打击坏人而又有所顾忌。

　　【鼠目寸光】据说老鼠目光只有一寸之远。形容眼光短、见识浅。

　　【胆小如鼠】胆子小得像老鼠那样，形容胆子小不自信的人。

　　【鼠肚鸡肠】形容气量狭小，只计较小事，不顾大局。也说小肚鸡肠。

　　【鼠窃狗盗】指小偷小摸，比喻进行不光明的活动。

2. 牛

　　【泥牛入海】泥塑的牛一入海中就化掉了。比喻一去不复返。

　　【汗牛充栋】汗牛：用牛运输，牛累的出汗；充栋：堆满了屋子。形容书籍极多。

　　【牛刀小试】比喻有很大的本领，先在小事情上施展一下。

　　【对牛弹琴】比喻对不懂道理的人讲道理，对外行人说内行话。现用来讥笑说话的人不看对象。

　　【目无全牛】一个杀牛的人最初杀牛，眼睛看见的是整个的牛，三年以后，技术纯熟了，动刀时只看到皮骨间隙，而看不到全牛。形容技艺已经到达非常纯熟的地步。

　　【九牛一毛】九条牛身上的一根毛。比喻极大的数量中微不足道的一部分。

不为外撼，不为物移，而后可以任天下之大事。

【牛郎织女】神话中的人物，比喻长期分居两地的夫妻。

【牛头马面】借指各种阴险丑恶的人。

3. 虎

【虎头蛇尾】头大如虎，尾细如蛇。比喻做事有始无终，起初声势很大，后来劲头很小。

【虎视眈眈】像老虎要捕食那样注视着。形容贪婪而凶狠地注视。

【为虎作伥】比喻做恶人的帮凶，帮助恶人做坏事。

【狐假虎威】狐狸假借老虎的威势吓跑百兽。比喻倚仗别人的势力来欺压人。

【与虎谋皮】跟老虎商量取下它的皮来，比喻所商量的事跟对方（多指坏人）利害冲突，绝对办不到。

【初生牛犊不怕虎】牛犊：刚生出来的小牛。比喻敢作敢为的年轻人。

【谈虎色变】原意是说被虎咬过的人才知虎的厉害。泛指一提到可怕的事物连脸色都变了。

【如虎添翼】像老虎长上了翅膀，形容强大的得到援助后更加强大，也形容凶恶的得到援助后更加凶恶。

【狼吞虎咽】形容吃东西又猛又急。

【虎踞龙盘】像虎蹲着，像龙盘着，形容地势险要。

【虎背熊腰】形容人的身体魁梧强壮。

【虎口拔牙】形容做十分危险的事。

【虎头虎脑】形容健壮憨厚的样子（多指男孩儿）。

4. 兔

【狡兔三窟】狡猾的兔子有三个窝。比喻有多个藏身的地方。

【兔死狗烹】兔子死了，猎狗也就被煮来吃了。比喻事情成功以后，把曾经出过大力的人杀掉。

【守株待兔】比喻不主动地努力，而存万一的侥幸心理，希望得到意外的收获。也比喻死守狭隘的经验不知变通。

【兔死狐悲】比喻因同类的灭亡而感到悲伤。

千磨万击还坚劲，任尔东西南北风。

5. 龙

【龙腾虎跃】龙在飞腾，虎在跳跃。形容威武雄壮，非常活跃。

【龙马精神】像龙马一样精神。后用来指健旺的精神。

【来龙去脉】山形地势像龙一样连贯着。比喻人、物的来历或事情的前因后果。

【龙争虎斗】像龙虎一样争斗。形容双方势均力敌，斗争激烈。

【鱼龙混杂】比喻坏人和好人混在一起。

【生龙活虎】像很有生气的蛟龙和富有活力的猛虎。形容很有生气和活力。

【龙飞凤舞】形容山势蜿蜒雄壮，也形容书法笔势舒展活泼。

【龙潭虎穴】比喻危险的境地。

6. 蛇

【牛鬼蛇神】奇形怪状的鬼神，比喻社会上的丑恶事物和形形色色的坏人。

【龙头蛇尾】比喻开头盛大，结尾衰减。

【杯弓蛇影】将映在酒杯里的弓影误认为蛇。比喻疑神疑鬼，妄自惊慌。

【画蛇添足】画蛇时给蛇添上脚。比喻做多余的事，反而不恰当。

【引蛇出洞】比喻运用计谋诱使坏人进行活动，使之暴露。

【打草惊蛇】打草惊了草里的蛇。比喻做法不谨慎，反使对方有所戒备。

7. 马

【金戈铁马】金属制的戈，披铁甲的战马，借指威武雄壮的军队，也指战争或军旅生涯。

【塞翁失马】比喻坏事在一定条件下可以变成好事。

【马革裹尸】用马皮把尸体包裹起来，多指军人战死于沙场。

【马马虎虎】指做得一般，还过得去。形容做事马虎随便。

【一马当先】作战时策马冲锋在前，形容领先。也比喻工作走在群众前面，积极带头。

【万马奔腾】成千上万匹马在奔跑腾跃。形容声势浩大、场面热烈。

【风马牛不相及】比喻事物彼此毫不相干。

【老马识途】老马认识曾经走过的道路。比喻阅历多的人富有经验，熟悉情况，能起引导作用。

言者无罪，闻者足戒。

【悬崖勒马】在高高的山崖边上勒住马。比喻临到危险的边缘及时清醒回头。

【汗马功劳】汗马：将士骑马作战，马累得出汗。指战功，后也泛指大的功劳。

【马到成功】战马一到阵前就取得胜利。形容迅速取得成就。

【走马上任】旧指官吏到任。现比喻接任某项工作。

【马不停蹄】比喻一刻也不停留，一直前进。

【马失前蹄】比喻偶然发生差错而受挫。

【马首是瞻】古代作战时士兵看着主将的马头决定进退，泛指跟随别人行动或听从别人指挥。

【人仰马翻】形容混乱或忙乱的不可收拾的样子。

8. 羊

【顺手牵羊】顺手把人家的羊牵走。比喻趁势将敌手捉住或乘机利用别人。

【亡羊补牢】羊丢失了，才修理羊圈。比喻在受到损失之后想办法补救，免得以后再受类似的损失。

【羊肠小道】曲折而极窄的路（多指山路）。后来一般指人心胸狭窄。

【挂羊头，卖狗肉】挂着羊头，却卖狗肉。比喻以好的名义做幌子，实际上名不副实或做坏事。

【羊毛出在羊身上】比喻表面上用于某人或某些人的钱物，其实还是取自某人或某些人自身。

9. 猴

【杀鸡儆猴】杀鸡给猴子看。比喻惩罚一个人来吓唬或警诫另外的人。

【沐猴而冠】猕猴戴帽子，装成人的样子。比喻表面上装扮得像个人物，而实际并不像。

【猴年马月】指不可知的年月，也指事情遥遥无期，不能实现。

【尖嘴猴腮】尖嘴巴，瘦面颊。形容人面部瘦削，相貌丑陋。

10. 鸡

【鹤立鸡群】像鹤站在鸡群中一样。比喻一个人的才能或仪表在一群人里头显得很突出。

操千曲而后晓声，观千剑而后识器。

【杀鸡取卵】为了要得到鸡蛋，不惜把鸡杀了。比喻只图眼前的好处而损害长远利益。

【鸡鸣狗盗】指微不足道的技能，也泛指小偷小摸的行为。

【鸡毛蒜皮】比喻无关紧要的琐事。

【鸡犬不宁】连鸡狗都不得安宁，形容搅扰得厉害。

【呆若木鸡】呆得像木头鸡一样，形容因恐惧或惊讶而发愣的样子。

【杀鸡焉用牛刀】杀只鸡何必用宰牛的刀，比喻办小事情用不着花大气力。

【鸡蛋里挑骨头】比喻故意挑毛病。

【鸡飞蛋打】比喻两头落空，毫无所得。

【鸡犬升天】一个人得道成仙，全家连鸡、狗也都随之升天。比喻一个人得势，他的亲戚朋友也跟着沾光。

11. 狗

【狗尾续貂】比喻拿不好的东西接到好的东西后面，显得好坏不相称（多指文学作品）。

【狗急跳墙】狗急了也能跳墙。比喻走投无路时不顾一切地行动。

【狐朋狗友】指品行不端不务正业的朋友。

【狗血喷头】形容骂得很凶，像在对方头上喷了狗血一样。

【狼心狗肺】形容心肠像狼或狗一样凶恶狠毒。

【狗仗人势】指依仗他人的势力欺负人（骂人的话）。

【狗苟蝇营】像苍蝇一样飞来飞去，像狗一样苟且偷生。形容人不顾廉耻，到处钻营。

【狗头军师】爱给人出主意而主意并不高明的人。

【狗嘴吐不出象牙】比喻坏人嘴里说不出好话来。也说狗嘴长不出象牙。

12. 猪

【指猪骂狗】拐弯抹角地骂人。

【肥猪拱门】比喻送上门来的利益。

【泥猪瓦狗】比喻无用之物。

【猪狗不如】连猪狗都不如。形容人格低下，品行极坏。

事者，生于虑，成于务，失于傲。

建 筑 成 语

成语，是汉语中的精华，是中华文化的微缩景观；建筑，是凝固的艺术，承载着厚重的历史文化。让我们走进充满建筑韵味的玲珑短语，去品味这立体无声的字言字语，去感受中华文化的璀璨之光。

1. 雕梁画栋 [diāo liáng huà dòng]

指房屋华丽的彩绘装饰，常用来形容建筑物富丽堂皇。

2. 富丽堂皇 [fù lì táng huáng]

形容建筑物华丽雄伟。

3. 精雕细刻 [jīng diāo xì kè]

精心细致地雕刻。形容做事认真细致。

4. 殿堂楼阁 [diàn táng lóu gé]

殿堂：宫殿、庙宇等高大建筑物。楼阁：两层以上的房屋。

5. 家徒四壁 [jiā tú sì bì]

家里只有四堵墙，形容十分贫困。

6. 琼楼玉宇 [qióng lóu yù yǔ]

形容华丽的房屋。

7. 画栋飞甍 [huà dòng fēi méng]

有彩绘装饰的屋梁、高耸的屋脊。形容建筑物富丽堂皇。

8. 瑶台琼室 [yáo tái qióng shì]

玉砌的楼台宫室。泛指华丽的宫廷建筑物。

会当凌绝顶，一览众山小。

9. 丹楹刻桷 [dān yíng kè jué]

楹：房屋的柱子；桷：方形的椽子。柱子漆成红色，椽子雕着花纹。形容建筑精巧华丽。

10. 雕栏玉砌 [diāo lán yù qì]

雕：雕绘；栏：栏杆；砌：石阶。形容富丽的建筑物。

11. 一览无余 [yī lǎn wú yú]

览：看；余：剩余。一眼看去，所有的景物全看见了。形容建筑物的结构没有曲折变化，或诗文内容平淡，没有回味。

12. 八面玲珑 [bā miàn líng lóng]

原指窗户宽敞明亮，后用来形容人处事圆滑，不得罪任何一方。

13. 深宅大院 [shēn zhái dà yuàn]

指一家居住的房屋多并且有围墙的大院子。

14. 金碧辉煌 [jīn bì huī huáng]

形容建筑物异常华丽，光彩夺目。

15. 鳞次栉比 [lín cì zhì bǐ]

像鱼鳞和梳子的齿一样，一个挨着一个地排列。多形容房屋等密集。

16. 层台累榭 [céng tái lěi xiè]

层：重复，接连不断；累：重叠；榭：建在台上的房屋。形容建筑物高下相间，错落有致。

17. 尺椽片瓦 [chǐ chuán piàn wǎ]

指建筑物遭受破坏后所剩无几的砖瓦木料。

18. 楼台亭阁 [lóu tái tíng gé]

楼：多层建筑物；台：高而平，可供眺望的建筑物；亭：有顶无墙供游息的建筑物；阁：楼房的一种。统指多种供休息、游赏的建筑物。

19. 美轮美奂 [měi lún měi huàn]

轮：高大；奂：文采鲜明。形容新屋高大美观，也形容装饰、布置等美好

士不可以不弘毅，任重而道远。

漂亮。

20. 飞阁流丹 [fēi gé liú dān]

飞阁：架空建造的阁道；流丹：彩饰的漆鲜艳欲流。凌空建造的阁道涂有鲜艳欲流的丹漆。形容建筑物的精巧美丽。

21. 两面三刀 [liǎng miàn sān dāo]

原是古代的一个建筑术语，是瓦工砌墙的基本功和基本动作，更是瓦工技术水平高低的一个标准。后比喻人阴险狡猾，当面一套，背后一套，甚至在暗地里使手段害人。

22. 祸起萧墙 [huò qǐ xiāo qiáng]

萧墙又称"塞门"，是古代国君宫殿大门内（或者大门外面）对大门起到屏障作用的矮墙。比喻祸乱发生在家里，泛指内部发生祸乱。

23. 分庭抗礼 [fēn tíng kàng lǐ]

庭：庭院；抗：对等。原指宾主相见，站在庭院两边相对行礼，以平等地位相待。后比喻彼此地位或势力相等，平起平坐或互相对立。

24. 大相径庭 [dà xiāng jìng tíng]

径：居室建筑门外的小路；庭：居室建筑门内至堂前的院子。常用来表示彼此相差很远或矛盾很大。

25. 勾心斗角 [gōu xīn dòu jiǎo]

原指宫室结构精巧工致，后用来指各种心机，互相排挤。

26. 飞檐反宇 [fēi yán fǎn yǔ]

屋檐上翘，瓦头仰起。形容楼阁、宫殿等建筑外形精巧美观。

27. 断瓦残垣 [duàn wǎ cán yuán]

形容建筑物倒塌残破的景象。

28. 高壁深垒 [gāo bì shēn lěi]

筑起高且深的壁垒。形容加强防御工事。

君子一言，驷马难追。

29. 桂殿兰宫 [guì diàn lán gōng]

指建筑气派、设备华美的宫殿。

30. 钉头磷磷 [dīng tóu lín lín]

建筑物上一颗颗的钉头光彩耀眼。

31. 碧瓦朱檐 [bì wǎ zhū yán]

青色的瓦、红色的檐，形容建筑的华美。

32. 古香古色 [gǔ xiāng gǔ sè]

形容建筑、器物、陈设或书画等富于古雅的色彩或情调。

33. 高屋建瓴 [gāo wū jiàn líng]

瓴：盛水的瓶子。在高屋脊上倾倒瓶里的水。比喻居高临下，形势不可阻挡。

34. 鸿图华构 [hóng tú huá gòu]

宏大华美的建筑景观。

35. 华屋秋墟 [huá wū qiū xū]

壮丽的建筑化为土丘。比喻兴亡盛衰的迅速。

36. 五脊六兽 [wǔ jǐ liù shòu]

中国硬山式建筑，用于宏伟的宫殿屋顶建筑。也形容因有非分之想而忐忑不安。

37. 高耸入云 [gāo sǒng rù yún]

形容山峰、建筑物等高峻挺拔。

38. 殊形诡制 [shū xíng guǐ zhì]

原指宫室建筑形制多样，独特新奇。后泛指器物奇形怪状，争异斗艳。

39. 神工意匠 [shén gōng yì jiàng]

形容建筑、绘画等构思精妙，非人力所能为。

40. 偷梁换柱 [tōu liáng huàn zhù]

古代匠人在对建筑进行大修时，在不触动整体结构的情况下，更换大梁或柱子的一种施工方法。比喻用欺骗的手法暗中改变事物的内容或事情的性质。

41. 门当户对 [mén dāng hù duì]

指宅院大门建筑的两个装饰部分。现指男女双方家庭的社会地位和经济状况相当，结亲很合适。

42. 秦砖汉瓦 [qín zhuān hàn wǎ]

汉代瓦当以动物装饰最为优秀；秦代瓦当以莲纹、葵纹、云纹最多。形容秦汉时期建筑装饰的辉煌。

43. 高城深池 [gāo chéng shēn chí]

池：护城河。指很高的城墙，很深的护城河。形容防守坚固。

44. 大兴土木 [dà xīng tǔ mù]

土木：指建筑工程。大规模兴建土木工程，多指盖房子。

45. 朱楼翠阁 [zhū lóu cuì gé]

红色和青色的楼阁。指华美精致的建筑。

46. 叠床架屋 [dié chuáng jià wū]

床上安床、屋上架屋。形容重复累赘。

47. 玉阶彤庭 [yù jiē tóng tíng]

彤：红色。饰玉的台阶，涂红的门庭。形容建筑物非常豪华。

48. 如翚斯飞 [rú huī sī fēi]

翚：有五彩羽毛的野鸡。形容宫室壮丽。

49. 千门万户 [qiān mén wàn hù]

形容殿宇深广或形容人户众多。

50. 背山起楼 [bèi shān qǐ lóu]

靠山建造楼房，比喻使人扫兴的事。

明日复明日，明日何其多。我生待明日，万事成蹉跎。

五

数 字 成 语

数字，神奇而有魔力；汉字，古老而有灵性。二者完美结合便化身为有趣而隽永的成语。心中有数，言之成语。走进大千成语世界，去体味数字与汉字相遇而横生出来的无穷妙趣，去感受生活中数字成语的别样韵味。

"一" 字成语

1.【一网打尽】比喻全部抓住或全部消灭。

2.【黄粱一梦】比喻虚幻不能实现的梦想。

3.【一手遮天】形容依仗权势，使用欺骗手法，蒙蔽众人耳目。

4.【一箭双雕】比喻做一件事情，同时达到两个目的。

5.【一针见血】比喻说话直截了当，切中要害。

6.【一拍即合】比喻因情意相投或有利害关系，一下子就说到一起或结合在一起。

7.【一帆风顺】形容非常顺利，毫无波折或挫折。

8.【一叶障目】比喻被局部的或暂时的现象所迷惑，不能认清事物的全貌或问题的本质。

9.【一锤定音】比喻凭某个人一句话作出最后决定。

10.【一哄而起】没有经过认真准备和严密组织，一下子行动起来。

11.【一傅众咻】一个人教导，众人吵闹干扰。比喻不能有什么成就。

12.【一叶知秋】从一片树叶的凋落，知道秋天的到来。比喻通过个别的细微迹象，可以看到整个形势的发展方向与结果。

13.【背水一战】原指背后临近河水摆阵或布下的阵势。现指处于绝境之中，为求出路而决一死战。

14.【一掷千金】原指赌博时下一次注就多达千金，现用来形容任意挥霍

时人不识凌云木，直待凌云始道高。

钱财。

15.【一刀两断】比喻坚决断绝关系。

16.【一目了然】一眼就看得很清楚。

17.【一无是处】没有一点儿对的或好的地方。

18.【一如既往】态度或做法没有任何变化，还是像从前一样。

19.【一丘之貉】比喻彼此都是坏人，没有什么差别。

20.【一夫当关】形容地势十分险要，易守难攻。

"二"字成语

1.【别无二致】没有两样；没有区别。

2.【忠贞不二】忠诚而坚定不移。

3.【接二连三】一个接着一个，形容接连不断。

4.【一清二白】指清楚明白；也指清白没有污点。

5.【说一不二】说怎么样就怎么样，表示说话算数，说过的话必定做到。
也指说什么就是什么，没人敢违背。

6.【一石二鸟】扔一颗石子打到两只鸟。比喻做一件事情得到两种好处。

7.【二道贩子】指从商店或别人手中买进货物，转手倒卖，从中牟利的人。

8.【言不二价】货物的价钱说一不二。

9.【一穷二白】形容基础差，底子薄。

10.【三下五除二】珠算口诀之一，常用来形容做事及动作敏捷利索。

双字成语

1.【双喜临门】指两件喜事一起到来。

2.【双宿双飞】比喻相爱的男女形影不离。

3.【天下无双】天下找不出第二个。形容出类拔萃、独一无二。

4.【盖世无双】压倒当世，超出当代所有的人。用以形容非常杰出的英雄
人物。

安得广厦千万间，大庇天下寒士俱欢颜，风雨不动安如山。

5.【福无双至】指幸运的事不会接连到来。

6.【才貌双全】才学相貌都好。

7.【举世无双】全世界找不到第二个。形容十分稀有。

8.【智勇双全】又有智谋，又很勇敢。

9.【德艺双馨】形容一个人的德行和技艺都具有良好的声誉。一般指从事艺术的人。

10.【一语双关】一个词或一句话涉及两个意思。

"两"字成语

1.【两小无猜】男女小的时候在一起玩耍没有猜疑。

2.【两袖清风】除了清风外，袖子里什么也没有。比喻做官廉洁清正。

3.【一举两得】做一件事得到两方面的好处。

4.【进退两难】前进后退都难，比喻因事情无法决定而难以行动。

5.【模棱两可】模棱：意见或态度不明确；两可：这样可以，那样也可以。指对事情没有明确的态度或主张。

6.【首鼠两端】踌躇不决或动摇不定。

7.【判若两人】形容某人前后的言行明显不一致，像两个人一样。

8.【两败俱伤】双方争斗，都受到损失，谁也没有得到好处。

9.【人财两空】人和钱财都无着落或都有损失。

10.【两鬓如霜】两边的头发白如霜雪。

"三"字成语

1.【三长两短】指意外的祸事，特指人的死亡。

2.【入木三分】原指写字笔墨浸入木板有三分深；现比喻见解、议论十分深刻。

3.【鼎分三足】比喻三方分立，互相抗衡。

4.【孟母三迁】孟轲的母亲为选择良好的环境教育孩子，三次迁居。汉赵岐

三军可夺帅也，匹夫不可夺志也。

《孟子题词》："孟子生有淑质，幼被慈母三迁之教。"

5.【垂涎三尺】涎：口水。口水挂下三尺长。形容极其贪婪的样子，也形容非常眼热。

6.【火冒三丈】形容愤怒到极点。

7.【三阳开泰】常用以称颂岁首或寓意吉祥。

8.【三生有幸】三世都很幸运，比喻十分幸运。

9.【三三两两】三个一群，两个一伙（多指人）。

10.【三寸不烂之舌】指能言善辩的口才。

"四"字成语

1.【文房四宝】指笔、墨、纸、砚，是书房中常备的四种文具。

2.【四海为家】任何一个地方都可以当做自己的家。

3.【挑三拣四】挑挑拣拣，嫌这嫌那。

4.【四平八稳】形容物体摆的很平稳。也比喻说话做事稳当或做事只求不出差错，缺乏进取精神和创造性。

5.【朝三暮四】原比喻聪明人善于使用手段，愚笨的人不善于辨别事情，后来形容反复无常。

6.【四两拨千斤】比喻抓住了关键就能以巧取胜，扭转全局。

7.【四海晏然】指全国各地太平安定。

8.【四通八达】四面八方都有路相通。形容交通非常便利。

9.【狼烟四起】四处有报警的烽火，指边疆不平静。

10.【四大皆空】佛教用语，指世界上一切都是空虚的。也形容心境超脱豁达。

"五"字成语

1.【三令五申】表示次数多。

2.【五脏六腑】指体内全部器官。

3.【五彩缤纷】形容色彩繁多而艳丽。

石可破也，而不可夺坚；丹可磨也，而不可夺赤。

4.【三年五载】三、五：表示大概数量；载：年。指多年。

5.【五内俱焚】五脏都好像被火烧一样，形容内心极为焦虑。

6.【五短身材】指四肢和躯干短小的身材。

7.【学富五车】形容读书很多，学问深广博大。

8.【五湖四海】指全国各地。

9.【五谷丰登】指年成好，粮食丰收。

10.【五花八门】形容花样繁多或变换多端。

"六"字成语

1.【六神不安】形容心慌意乱不知应怎么办。

2.【六亲不认】形容人没有情义或不讲情面。

3.【三头六臂】比喻了不起的本领。

4.【三六九等】泛指许多等级，种种差别。

5.【三茶六饭】比喻招待客人非常周到。

6.【六月飞霜】比喻有冤狱、冤情。

7.【三亲六故】泛指亲戚和故旧。

8.【六根清净】指除却一切欲念，无烦无恼。

9.【眼观六路】眼睛看到四面八方。形容机智灵活，遇事能多方观察，全面了解。

10.【七情六欲】泛指人的各种感情和欲望。

"七"字成语

1.【横七竖八】形容纵横杂乱。

2.【才高七步】形容才思敏捷。

3.【乱七八糟】形容混乱，乱糟糟的。

4.【七零八碎】①形容残破不堪。②零星琐碎。③指零星的物品。

5.【七步之才】指敏捷的文采。

有志者事竟成，破釜沉舟，百二秦关终属楚。

6.【七长八短】形容高矮、长短不齐。

7.【七窍生烟】形容气愤、焦急或口渴到了极致，好像耳目口鼻都要冒火。

8.【七手八脚】原指比一般人多好几个手脚。形容人多手杂，动作忙乱。

9.【七上八下】形容心神不安的惊惶样子。

10.【七窍玲珑】形容聪明灵巧。

"八"字成语

1.【八面玲珑】原指窗户宽敞明亮，后用来形容为人处事圆滑，不得罪任何一方。

2.【八面威风】形容威风凛凛，神气十足。

3.【四通八达】形容交通便利。

4.【威风八面】形容神气十足，声势慑人。

5.【八仙过海】比喻各自拿出本领或办法，互相竞赛。

6.【八拜之交】结义为兄弟姐妹。

7.【席卷八荒】形容力量强大，控制整个天下。

8.【半斤八两】比喻彼此一样，不相上下（多含贬义）。

9.【耳听八方】形容人很机警。

10.【四邻八舍】指左右邻居。

"九"字成语

1.【九九归一】原是珠算中归除和还原的口诀，借指转来转去最后又还了原。

2.【三教九流】泛指社会上各行各业的人。

3.【九曲回肠】形容痛苦、忧虑、愁闷已经到了极点。

4.【羿射九日】形容为民除害的英勇行为。

5.【九泉之下】人死后埋葬尸体的地方。

6.【九死不悔】九：表示极多。纵然死很多回也不后悔。形容意志坚定，

苦心人天不负，卧薪尝胆，三千越甲可吞吴。

不论经历多少危险，也决不动摇退缩。

7.【九死一生】形容经历极大的危险而幸存。

8.【九霄云外】形容无影无踪。

9.【九天揽月】揽：采摘。到天的最高处去摘月。常形容壮志豪情。

10.【九天九地】原指天上的最高层和地的最深处。后比喻两者相差极远。

"十"字成语

1.【十万火急】形容事情紧急到了极点。

2.【十恶不赦】形容罪大恶极，不可饶恕。

3.【闻一知十】听到一点就能理解很多。形容善于类推。

4.【十全十美】各方面都非常完美，毫无缺陷。

5.【十指连心】手指头感觉很灵敏，十个手指碰伤了哪一个，心里都感到疼痛，常用来比喻某人和有关的人或事具有极密切的关系。

6.【一目十行】一眼可以看十行文字。形容看书非常快。

7.【神气十足】神气：自以为得意傲慢的神情。形容摆出一副自以为高人一等而了不起的样子。

8.【十有八九】指绝大多数，大致不差。

9.【十面埋伏】设伏兵于十面以围歼敌军。

10.【驽马十驾】骏马一天的路程，驽马虽慢，但努力不懈，走十天也可以到达。比喻智力低的人只要刻苦学习，也能追上资质高的人。

"百"字成语

1.【百年不遇】一百年也碰不到一次。形客很少见到或很少出现。

2.【一呼百应】形容响应的人很多。

3.【百炼成钢】比喻久经锻炼，变得非常坚强。

4.【百川归海】条条江河流入大海。比喻大势所趋或众望所归，也比喻更多的人或事物汇聚到一个地方。

己所不欲，勿施于人。

5. 【百思不解】反复思索，仍然不能理解。也说百思不得其解。

6. 【百花齐放】各种鲜花一起开放，形容繁荣的景象。比喻各种不同形式和风格的艺术作品自由发展。

7. 【百感交集】感触很多，形容心情十分复杂。

8. 【百鸟朝凤】朝：朝见；凤：凤凰，古代传说中的鸟王。旧时喻指君主圣明而天下依附，后也比喻德高望重者众望所归。

9. 【百战不殆】经历许多次战役都没有遭到危险。形容善于用兵。

10. 【百废待兴】许多被搁置的事情等着要兴办。

"千"字成语

1. 【千方百计】形容想尽或用各种方法。

2. 【千锤百炼】比喻经历多次艰苦斗争的锻炼和考验。也比喻对诗文等多次精细的修改。

3. 【千疮百孔】形容破坏的很严重或弊病很多。

4. 【彪炳千秋】形容伟大的业绩流传千秋万代。

5. 【千里迢迢】形容路途遥远。

6. 【一诺千金】形容说话算数，所许诺言信实可靠。

7. 【千夫所指】为众人所指责，形容触犯众怒。

8. 【各有千秋】各有各存在的价值；各有所长，各有特色。

9. 【千载难逢】一千年也难得遇到，形容机会难得。

10. 【千丝万缕】形容关系非常密切。

"万"字成语

1. 【万劫不复】永远不能恢复。

2. 【日理万机】每天处理大量要务。形容政务繁忙（多用于高级领导人）。

3. 【包罗万象】内容丰富，应有尽有。

4. 【万全之策】策：计策、办法。极其周到的计谋、办法。

一花独放不是春，百花齐放春满园。

5.【万古长青】永远像春天的草木一样欣欣向荣。

6.【万象更新】一切事物都改换了样子，出现了一番新气象。

7.【万马奔腾】形容声势浩大，场面热烈。

8.【万箭穿心】犹万箭攒心。形容万分伤痛。

9.【万马齐喑】千万匹马都沉寂无声，比喻人们都沉默，不说话，不发表意见，形容局面沉闷。

10.【万事亨通】通达顺利。一切事情都很顺利。

尺有所短，寸有所长。

趣 味 成 语

成语，字字珠玑，耐人寻味；趣味成语，深入浅出，俯仰成趣。漫步成语文化长廊，与趣味成语对话。走进千姿百态的成语大观园，采撷中华民族文化的智慧之花。

最沉重的负担 —— 如牛负重

最危险的差事 —— 与虎谋皮

最及时的补救 —— 亡羊补牢

最浪费的烹饪 —— 牛鼎烹鸡

最有权威的决策 —— 一锤定音

最龌龊的行为 —— 如蚁附膻

最宝贵的时间 —— 一刻千金

最长的腿 —— 一步登天

最侥幸的办法 —— 守株待兔

最险峻的道路 —— 羊肠小道

最长的一天 —— 度日如年

最遥远的地方 —— 天涯海角

最大的容量 —— 包罗万象

最昂贵的稿费 —— 一字千金

最宝贵的话语 —— 金玉良言

最高明的医术 —— 药到病除

最华丽的建筑 —— 琼楼玉宇

最坏的名声 —— 遗臭万年

最彻底的劳动 —— 斩草除根

最大的效益 —— 一本万利

最适合的环境 —— 如鱼得水

最奇特的动物 —— 虎头蛇尾

最艰难的争辩 —— 理屈词穷

最厉害的骚扰 —— 鸡犬不宁

最有价值的笑 —— 一笑千金

最大的满足 —— 天遂人意

最长的夜晚 —— 长夜难眠

最长的时间 —— 千秋万代

最短浅的眼光 —— 鼠目寸光

最卑下的技能 —— 鸡鸣狗盗

最长的棍子 —— 一柱擎天

最远的邻居 —— 天涯比邻

最大的手 —— 一手遮天

最贵的话语 —— 一诺千金

最彻底的变化 —— 翻天覆地

最好的记忆 —— 过目成诵

最后的结论 —— 盖棺定论

最精彩的表演 —— 有声有色

冲得最高的气 —— 气冲霄汉

最高的瀑布 —— 一落千丈

若要功夫深，铁杵磨成针。

最紧张的阶段 —— 一触即发

最急的事 —— 杀鸡取卵

最快的流水 —— 一泻千里

最快的阅读 —— 一目十行

最宽的视野 —— 一览无余

最惨的结局 —— 一败涂地

最离奇的想法 —— 异想天开

最牢固的城墙 —— 铜墙铁壁

最漂亮的帽子 —— 冠冕堂皇

最怕事的人 —— 胆小如鼠

最秘密的行动 —— 神出鬼没

最怪的声音 —— 南腔北调

最坚韧的头发 —— 一发千钧

最快的速度 —— 风驰电掣

最好的司机 —— 驾轻就熟

最好的药方 —— 灵丹妙药

最大的地方 —— 无边无际

最大的树叶 —— 一叶障目

最难听的歌曲 —— 陈词滥调

最难行的礼 —— 五体投地

最能击中的要害 —— 一针见血

最贫的土地 —— 寸草不生

最强壮的身体 —— 钢筋铁骨

最吝啬的人 —— 一毛不拔

最突然的变化 —— 一反常态

最危险的游戏 —— 玩火自焚

最惜时的人 —— 争分夺秒

最悬殊的区别 —— 天壤之别

最激烈的争斗 —— 龙争虎斗

最魁梧的身体 —— 虎背熊腰

最美丽的情话 —— 甜言蜜语

最美妙的梦 —— 黄粱一梦

最难做的饭 —— 无米之炊

最难治的病 —— 不治之症

最异常的仪态 —— 龙行虎步

最危险的处境 —— 虎尾春冰

最敏捷的动作 —— 兔起鹘落

最迅速的胜利 —— 马到成功

最亲密的伙伴 —— 一丘之貉

最守秘密的人 —— 守口如瓶

最好的箭术 —— 一箭双雕

最荒凉的地方 —— 不毛之地

最大的手术 —— 脱胎换骨

最厉害的贼 —— 偷梁换柱

最有预见的人 —— 未卜先知

最有营养的话 —— 食言而肥

最快的话 —— 一言既出 驷马难追

最准的话 —— 一言为定

最重的话 —— 一言九鼎

最大的誓言 —— 海枯石烂

最香的饭菜 —— 回味无穷

最险恶的地方 —— 龙潭虎穴

最有学问的人 —— 博古通今

最有毅力的人 —— 锲而不舍

最高的巨人 —— 顶天立地

最爱学习的人 —— 如饥似渴

最深的呼吸 —— 气吞山河

最大的家 —— 四海为家

人非圣贤，孰能无过。

最宽阔的胸怀 —— 虚怀若谷

最倚势的动物 —— 城狐社鼠

最公开的事情 —— 尽人皆知

最高明的指挥 —— 一呼百应

最爱工作的人 —— 废寝忘食

最难的话 —— 一言难尽

最无作为的人 —— 一事无成

最短的季节 —— 一日三秋

最勇敢的人 —— 万死不辞

最绝望的前途 —— 山穷水尽

最费时的工程 —— 百年树人

最长的寿命 —— 万寿无疆

最反常的气候 —— 晴天霹雳

最高超的技术 —— 鬼斧神工

最厉害的贼 —— 偷天换日

最宽的嘴巴 —— 口若悬河

最广的话 —— 一言千里

最有学问的人 —— 无所不知

最狭隘的见解 —— 一孔之见

最成功的战斗 —— 一网打尽

最多的颜色 —— 万紫千红

最繁忙的季节 —— 多事之秋

非学无以广才，非志无以成学。

七

新 词 新 语

新词新语也就是流行语，是指在一定时间、一定范围内广为传播使用的、能够反映新时期新观念新事物的词语。科技的进步和社会生活的变化是新词新语产生的源泉，同时新词新语也是反映新时代和新生活的一面镜子。

（一）新词新语的产生

随着社会的发展进步，语言也在不断地发展变化。在语言交际中出现了许多新词新语，例如"囧、怼、杠精、锦鲤、神马、浮云、悲催、菜鸟、给力、金领、蜗居、下课、粉丝、冲浪、AA制、打call、中国梦、牛仔队、炒鱿鱼、白骨精、葛优躺、吃瓜群众、洪荒之力、喜大普奔、人艰不拆、工匠精神"等。新词新语贴近生活，充满时代气息，它们源源不断地产生和流行，不仅丰富了汉语的词汇宝库，也可以使我们的语言表达更幽默生动，使汉语词汇在吐故纳新中得到不断发展。

（二）新词新语产生的途径

据统计，现代汉语中每年大约要出现1000个左右的新词新语。那么新词新语产生的途径有哪些呢？

1. 新生词语。随着社会的发展和新生事物的出现而产生的新词新语层出不穷。例如"按揭"，是指在房地产行业中买房的用户不能一次付清款项，用所买房产作抵押，向银行贷款的行为。再如"义工"，是指自愿参加义务性公益活动的人。月光族（Moonlight），是指每月赚的钱还没到下个月月初就被全部花光的一群人，也用来形容赚钱不多，每月收入仅可以维持基本开销的一类人。

2. 旧词新用。例如"菜单"原指餐馆提供的列有各种菜肴的清单。现在含义更为广泛，引申指电子计算机程序进行中出现在显示屏上的选项列表，也指各种服务项目的清单等。再如"病毒"本义指一种比细菌更小，在显微镜下才能看见的病原体。现在产生比喻义，指通过网络、碟盘等各种媒体传播的破坏性程序。又如"豆腐渣"原指制豆浆剩下的渣滓，近年来被人们用来比喻劣质产品，例如"豆腐渣工程"。"奇葩"原意是指奇特而美丽的花朵，常用来比喻不同寻常的优秀文艺作品或非常出众的人物。现在这个词多带有调侃和讽刺意味，多指向一些正常人行为和思维以外的，让人难以想象的行为。

3. 外来词和汉语方言新词语。如"作秀"指表演，显示自己。"秀"译自英语"show"。"达人"一词来自日语，多形容某一领域非常专业、出类拔萃的人物。"啃老族"又称"傍老族"或"尼特族"，这个词最早源于20世纪90年代末的英国，是指那些有工作能力却整天宅在家里，经济上完全依靠父母生活的年轻人。"忽悠"一词在东北方言中指能言善谈，现在被赋予了新的含义，指"欺骗、蒙骗"，成为网络流行词语。"炒鱿鱼"是被普通话吸收的广东方言，它原本的意思是炒鱿鱼丝，现在多形容工作被辞退、解雇或开除。

4. 词语衍生。如原为粤方言中的"埋单"，意思是把消费账单收拢在一起结账。这一词语进入普通话后写做"买单"。因此"买单"既指在饭馆用餐后结账付款，也用于其他方面的消费。又如先有"白领""蓝领"相应又衍生出"金领""粉领""黑领"等；由"网吧""酒吧"相应衍生出"茶吧""氧吧""话吧""书吧"等；由译词"黑客（hacker）"相应地产生了"灰客""蓝客""红客""闪客"等。

5. 词语缩略。如中央电视台春节联欢晚会，简称为"央视春晚"或"春晚"，中国人民银行简称为"央行"。"高考"是指"全国普通高等学校统一招生考试"，"博导"是"博士生导师"的简称，"娱记"是"娱乐记者"的简称等。

新词新语是反映社会变迁、时代发展的一面镜子。例如我们现在常说的"黄金周"一词来自日本，这与我国2000年以后对法定节假日的调整有关，更与我国人民生活观念的变化相关。"共享单车"是指企业在校园、地铁站点、公交站点、公共服务区等提供自行车单车共享服务，共享单车是一种新型环保共享经济。可见，科技的进步和社会的发展是新词新语产生的源泉，对新词新语做一些深入的探究，就会感受到时代和文化发展的脉动。

延伸探究：

【探究一】搜集近几年出现的新词新语并进行分类，探讨新词新语反映了

天下兴亡，匹夫有责。

什么样的文化现象，如何正确使用？

　　【探究二】有人认为新词新语不规范，不宜提倡；有人认为新词新语生动活泼，鼓励使用；关于新词新语的利弊得失，你有什么看法？

附录三　经典网络流行语

信息时代，网络热词应运而生且层出不穷，成为互联网上一道独特的风景线，也是社会生活的"晴雨表"和"风向标"。富有温度、诙谐幽默的网络流行语，体现了网民的语言智慧，丰富了汉语词汇的表现力。盘点近几年的网络热词，感受时代脉动。

1. 锦鲤

本是一种高档观赏鱼，现泛指在小概率事件中运气极佳的人，是好运的象征。

2. 教科书式

意思是某人或某事完成得非常标准，用"教科书式"来形容，说明可以对其进行模仿。

3. 官宣

泛指由官方宣布的消息，真实可信。

4. 确认过眼神

表示"确认过""甄别过"的意思。

5. 佛系

多指看淡一切，随遇而安的生活态度。

6. 巨婴

心理滞留在婴儿水平的成年人，称为巨婴。多指依赖、自私、偏执的成年人。

7. 杠精

指抬杠成瘾的一类群体。不管别人说的是什么，先反驳挑刺，通过反驳别人来凸显自己的优越感。

8. 尬聊

聊天双方其中一方不太会聊天，或者没心思回复，造成交流障碍。

9. 戏精

形容某个人喜欢博眼球。用法有褒有贬，褒义就是赞美演技很好，贬义指

鞠躬尽瘁，死而后已。

爱作秀、喜欢过分表现自己来赢得关注。

10. freestyle

一般指即兴的、随性的、随意的发挥。例如 hiphop 说唱中的 freestyle 就是即兴说唱的意思。

11. 打 call

是对台上艺人支持与喜爱情感的集中表达。主要体现为台下整齐划一的呐喊和一片荧光棒的海洋。现在延伸为支持、赞美、加油的意思。

12. 洪荒之力

古人云：天地玄黄，宇宙洪荒。传说天地初开之时，曾经有过一次大洪水，几乎毁灭了整个世界。因此，洪荒之力是指天地初开之时，足以毁灭世界的力量。

13. c 位出道

"c"是英文单词"center"的缩写形式，是中央、核心的意思。"c 位出道"形容歌手艺人在团体中的实力很强，是团队的灵魂中心人物。

14. 剁手族

"再网购就剁手，但即使剁手也得接着网购"，指网上购物不知不觉间花费大量金钱，回头一看账单懊恼不已，自嘲要剁手。

15. 葛优躺

是指演员葛优在 1993 年情景喜剧《我爱我家》第 17、18 集里面的剧照姿势。"葛优躺"比喻颓废的现状。

16. 吃瓜群众

在网络论坛中，人们发帖讨论问题，后面往往有一堆人排队跟帖，或发表意见，或不着边际地闲扯。"吃瓜群众"指不发言只围观的普通网民。

18. 你的良心不会痛吗？

杜甫一生为李白写了十五首诗，但李白回应他的诗作甚少，于是网友问道"李白，你的良心不会痛吗？"此语一般用于嘲讽和吐槽别人。

19. 正能量

表示蒸蒸向上的"能量"，也表达对未来美好世界的憧憬与渴望。

20. 硬核

原本是形容说唱音乐和游戏。硬核说唱是更具有力量感的音乐形式，热情

岁寒，然后知松柏之后凋也。

奔放猛烈强劲。而硬核游戏存在一定难度并有特定受众的游戏。"硬核"作为网络流行词汇可以理解为很厉害、很酷、很彪悍的意思。

附录四　易用错成语

成语是汉语中的精华，历经千锤百炼仍然熠熠生辉。成语世界，别有洞天。但生活中张冠李戴、滥用成语的现象屡见不鲜。了解成语内涵，恰当使用成语，便可避免弄巧成拙、贻笑大方。正确解读易用错成语，感受中华成语文化的博大精深。

1. 鼎力相助 [dǐng lì xiāng zhù]

【解释】指别人对自己的大力帮助。敬辞，用于请托或表示感谢。

【误用】易被误用为自己对他人的帮助。

2. 炙手可热 [zhì shǒu kě rè]

【解释】手一靠近就感觉热。比喻气焰很盛，权势很大。

【误用】易被误用为某些事物很红很火，受追捧。

3. 三人成虎 [sān rén chéng hǔ]

【解释】三个人谎报城市里有老虎，听的人就信以为真。比喻说的人多了，就能使人们把谣言当作事实。

【误用】易被误解为团结合作力量大。

4. 美轮美奂 [měi lún měi huàn]

【解释】轮：指轮囷（qūn），古代的一种圆形高大的谷仓，此处指高大，名词作形容词；奂：众多，盛大。原本多形容建筑物雄伟壮观、富丽堂皇。也用来形容雕刻或建筑艺术的精美效果。

【误用】易被误用为形容美好事物。

5. 一言九鼎 [yī yán jiǔ dǐng]

【解释】一句话的分量像九鼎（古代国家的宝器，象征九州）那样重。形容所说的话分量很重，作用很大。

【误用】易被误用为守信用，背离本义。

6. 蓬荜生辉 [péng bì shēng huī]

【解释】蓬：用蓬草编的门；荜：用荆条、竹木之类编成的篱笆；"蓬荜"借指穷苦人家。"蓬荜生辉"谦辞，表示由于别人到自己家里来或张挂别人给

捐躯赴国难，视死忽如归。

自己题赠的字画等而使自己非常光荣。也说"蓬荜增辉"。

【误用】易被误用在别人身上。

7. 侃侃而谈 [kǎn kǎn ér tán]

【解释】指人理直气壮、从容不迫地说话。古时候用来形容人善于交谈，有风度，含褒义。

【误用】多被误用为形容聊天，容易和娓娓而谈（形容谈论不倦或说话动听）混淆。

8. 蹉跎岁月 [cuō tuó suì yuè]

【解释】蹉跎：光阴白白地过去。把时光白白地耽误过去。形容虚度光阴。

【误用】常被误用来形容"岁月艰难"。

9. 首当其冲 [shǒu dāng qí chōng]

【解释】比喻最先受到攻击或遭受灾难。

【误用】常被误解为"首先接受任务，或首先应当先做某事"。

10. 溢美之词 [yì měi zhī cí]

【解释】溢：水满外溢，引申为过分。表示过分吹嘘的话语。

【误用】常被误用为褒义。

11. 差强人意 [chā qiáng rén yì]

【解释】差：尚，略，还；强：振奋。表示大体上还能使人满意。

【误用】多被误解为不能使人满意，背离本义。

12. 抛砖引玉 [pāo zhuān yǐn yù]

【解释】谦辞。比喻自己用粗浅的、不成熟的意见引出别人高明的、成熟的意见。

【误用】常被误用于对方或第三方。

13. 惨淡经营 [cǎn dàn jīng yíng]

【解释】惨淡：苦费心思；经营：筹划。费尽心思辛辛苦苦地经营筹划；后指在困难的境况中艰苦地从事某种事业。

【误用】常被误解为经营不善，很萧条。

14. 文不加点 [wén bù jiā diǎn]

【解释】比喻作文一气呵成，无须修改。点：涂上一点，表示删去。文章

一气呵成，无须修改。形容文思敏捷，写作技巧纯熟。

【误用】常被误解为写文章粗心大意，不加标点。

15. 望其项背 [wàng qí xiàng bèi]

【解释】能够望见别人的颈项和脊背，表示赶得上或比得上。也可以用来比喻可以企及对方所达到的成就或境界。通常用于否定句，表示与"望"的对象有一定差距。

【误用】常被误用到肯定句，如"只能望其项背"。

16. 不知所云 [bù zhī suǒ yún]

【解释】原意是不知道说的是些什么。现多用来形容言语杂乱或不着边际。

【误用】易被误解为听者没有理解。

17. 明日黄花 [míng rì huáng huā]

【解释】比喻已失去新闻价值的报道或已失去应时作用的事物。

【误用】常被误用为"昨日黄花"。

18. 七月流火 [qī yuè liú huǒ]

【解释】出自《诗经》，"火"是星名，指大火星，即心宿。七月流火是指农历七月，大火星（即心宿二）西行，夏去秋来，天气转凉。

【误用】常被误用来形容七月的天气十分炎热。

19. 翻云覆雨 [fān yún fù yǔ]

【解释】比喻反复无常或惯于玩弄手段。也形容本领大，技艺高超。

【误用】常被误用于表示气势宏伟。

20. 曾几何时 [céng jǐ hé shí]

【解释】指时间没过多久。

【误用】常被误解为"不知什么时候"。

21. 侧目而视 [cè mù ér shì]

【解释】斜着眼睛看人，不敢正视。现也用形容敢怒不敢言的样子。

【误用】常误解为"目光轻蔑地看"或误解为"尊敬"。

22. 良莠不齐 [liáng yǒu bù qí]

【解释】指好人坏人混杂在一起，侧重于品质。

【误用】常被误用形容水平、成绩等。

不管风吹浪打，胜似闲庭信步。

23. 无可厚非 [wú kě hòu fēi]

【解释】不可过分责难。表示说话办事虽有缺点，但是有可取之处，应予以谅解。

【误用】常与"无可非议"混用。

24. 不胫而走 [bù jìng ér zǒu]

【解释】胫：小腿；走：跑。没有腿却能跑，形容消息无声地迅速传播。

【误用】常与"不翼而飞"混淆。

25. 目无全牛 [mù wú quán niú]

【解释】眼中没有完整的牛，只有牛的筋骨结构。形容人的技艺高超，得心应手，已经到达非常纯熟的地步。

【误用】易被误解为缺乏全局观念。

26. 耳提面命 [ěr tí miàn mìng]

【解释】对着耳朵告诉，表示教诲的殷勤恳切。多指长辈对晚辈、上级对下级恳切地教导。

【误用】常误用为贬义词，误解为在耳边训斥，当面命令。

27. 下里巴人 [xià lǐ bā rén]

【解释】泛指通俗的文学艺术，常与"阳春白雪"相对。

【误用】容易被误解为形容地位低下的人。

28. 洛阳纸贵 [luò yáng zhǐ guì]

【解释】原指西晋都城洛阳之纸，因大家争相传抄左思的作品《三都赋》，以至一时供不应求，货缺而贵。后比喻作品为世人所看重，风行一时，流传甚广。

【误用】常被望文生义，误用为贬义词。

29. 危言危行 [wēi yán wēi xíng]

【解释】说正直的话，保持正直的品格。

【误用】常被误解为"危险"的意思。

30. 汗牛充栋 [hàn niú chōng dòng]

【解释】本义是指用牛运书，牛要累得出汗；用屋子放书，要放满整个屋子。形容藏书很多。

【误用】常被望词生义，用于形容其他事物。

31. 望尘莫及 [wàng chén mò jí]

【解释】只望见前面骑马的人走过扬起的尘土而不能赶上。比喻远远落在后面。尘：尘土；莫：不；及：赶上。多用于表示对人钦佩。

【误用】易与"鞭长莫及"混淆，后者指力量达不到。

32. 不胜其烦 [bù shèng qí fán]

【解释】烦琐得让人受不了。

【误用】常与"不厌其烦"混用。

33. 师心自用 [shī xīn zì yòng]

【解释】师心：以自己的心意为师，即只相信自己。常形容固执己见，自以为是。

【误用】易误解为形容善于学习借鉴，为我所用。

34. 胸无城府 [xiōng wú chéng fǔ]

【解释】城府：城市和官署，比喻难于揣测的深远用心。形容待人接物坦率真诚，心口如一。

【误用】常被理解为贬义，误解为形容"大脑简单"。

35. 石破天惊 [shí pò tiān jīng]

【解释】原形容箜篌（古乐器）的声音忽而高亢，忽而低沉，出人意料，有不可名状的奇境。后多用来形容文章、议论不同凡响或事态发展出人意料。

【误用】常误与"排山倒海"等连用，误指自然力量之大。

36. 身无长物 [shēn wú cháng wù]

【解释】指除自身外再没有多余的东西。形容贫穷。

【误用】常被误用来形容没有特长。

37. 罪不容诛 [zuì bù róng zhū]

【解释】杀了也抵不了所犯的罪恶，形容罪大恶极。

【误用】常被误解为罪行还没有达到被杀的程度。

38. 相敬如宾 [xiāng jìng rú bīn]

【解释】形容夫妻相处融洽，互相敬爱。

【误用】常误用在母女、婆媳等其他家庭关系之间。

海纳百川，有容乃大。

39. 一文不名 [yī wén bù míng]

【解释】一文钱不占有，形容非常贫困。

【误用】常被误解为毫无价值。

40. 振振有词 [zhèn zhèn yǒu cí]

【解释】形容理由似乎很充分，说个没完。

【误用】常被错用为"理直气壮"。

41. 休戚相关 [xiū qī xiāng guān]

【解释】忧喜、祸福彼此相关联。形容关系密切，利害相关。

【误用】常被误解为"息息相关"。

42. 如履薄冰 [rú lǚ bó bīng]

【解释】像走在薄冰上一样，比喻行事极为谨慎，存有戒心。

【误用】常被误解为形容客观情况危急。

43. 万人空巷 [wàn rén kōng xiàng]

【解释】成千上万的人涌向某处（参加盛典或观看热闹儿），使里巷空阔冷落。多用来形容庆祝、欢迎的盛况或新奇事物轰动居民的情景。

【误用】常被误解为巷子里空无一人。

44. 瓜田李下 [guā tián lǐ xià]

【解释】正人君子要主动远离一些有争议的人和事，避免引起不必要的嫌疑。也指易引起嫌疑的地方。

【误用】易被误用为形容田园生活。

45. 出神入化 [chū shén rù huà]

【解释】形容技艺达到了绝妙的境界。

【误用】常被误用为形容听得出神。

46. 登堂入室 [dēng táng rù shì]

【解释】比喻学问或技能由浅入深，循序渐进，达到更高的水平。

【误用】易被误用为"进入屋子"。

47. 如坐春风 [rú zuò chūn fēng]

【解释】像坐在春风中间。比喻同品德高尚且有学识的人相处并受到熏陶。

【误用】易被误解为与"景物"有关。

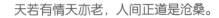

天若有情天亦老，人间正道是沧桑。

48. 走马观花 [zǒu mǎ guān huā]

【解释】骑在奔跑的马上看花。原形容事情如意，心境愉快。后多指粗略地观察事物，强调过程。

【误用】易和"浮光掠影"相混，后者指印象不深刻，强调结果。

49. 屡试不爽 [lǚ shì bù shuǎng]

【解释】屡次试验都没有差错。爽：差错的意思。

【误用】常被望文生义，误解为"没有成功"。

50. 糟糠之妻 [zāo kāng zhī qī]

【解释】糟糠：旧时穷人用来充饥的酒渣、米糠等粗劣事物。指贫穷时共患难的妻子。

【误用】常被误用为长得丑陋的妻子。

运筹帷幄之中，决胜千里之外。

下篇

普通话篇

推广普通话

美丽大中华，四海为一家。

五十六个民族，五十六朵花。

方言几十种，土语繁难杂。

推广普通话，知音遍华夏。

民族共同语，通用普通话。

北京标准音，词汇北方话。

典范白话文，规范新语法。

说好普通话，推广靠大家。

测试普通话，水平等级划。

三级共六等，标准行业化。

一级是典范，二级也不差；

三级要加强，请讲普通话。

说好普通话，朋友遍天下。

推广普通话，盛开文明花。

说好普通话，沟通你我他。

推广普通话，振兴我中华。

普通话，神州音，华夏情。

普通话水平测试介绍

（一）普通话水平测试的名称、性质、方式

本测试定名为"普通话水平测试"，普通话水平测试测查应试人的普通话规范程度、熟练程度，认定其普通水平等级，属于标准参照性考试。它是由政府专门机构主持的国家级资格证书考试，这项考试注重测查应试人运用普通话的语言水平，不是普通话系统知识的考试，不是文化水平的考核，也不是口才的评估。

普通话水平测试以口试方式进行。

（二）普通话水平等级的确定

国家语言文字工作部门发布的《普通话水平测试等级标准》是确定应试人普通话水平等级的依据。在河北省范围内，由省内的普通话测试机构根据应试人的测试成绩确定其普通话水平等级，由省语言文字工作部门颁发相应的普通话水平测试等级证书。

普通话水平划分为三个级别，每个级别内划分两个等次。其中：97 分及其以上，为一级甲等；

92 分及其以上但不足 97 分，为一级乙等；

87 分及其以上但不足 92 分，为二级甲等；

80 分及其以上但不足 87 分，为二级乙等；

70 分及其以上但不足 80 分，为三级甲等；

60 分及其以上但不足 70 分，为三级乙等。

（三）普通话水平测试的试卷构成及评分

试卷包括 4 个组成部分，满分为 100 分。其中读单音节字词、读多音节词语、朗读短文三项，由国家语言文字工作部门认定的计算机辅助普通话水平测试系统评定分数。

普通话水平测试系统评定分数：

1. 读单音节字词（100 个音节，不含轻声、儿化音节），限时 3.5 分钟，共 10 分。

1）目的

测查应试人声母、韵母、声调读音的标准程度。

2）要求

（1）100 个音节中，70% 为《普通话水平测试用词语表》中加星号的字，30% 为不加星号的字词。

（2）100 个音节中，每个声母出现次数一般不少于 3 次，每个韵母出现次数一般不少于 2 次，4 个声调出现次数大致均衡。

（3）音节的排列要避免同一测试要素连续出现。

3）评分

（1）语音错误，每个音节扣 0.1 分。

（2）语音缺陷，每个音节扣 0.05 分。

（3）超时 1 分钟以内，扣 0.5 分；超时 1 分钟以上（含 1 分钟），扣 1 分。

4）其他规定

（1）应试人遇到试卷中的多音字读其中的一个读音即可。

（2）应试人发觉第一次读音有口误时可以改读，按第二次读音评判。

（3）应试人如漏读整行，主试人应加以提示。

2. 读多音节词语（100 个音节），限时 2.5 分钟，共 20 分。

1）目的

测查应试人声母、韵母、声调和变调、轻声、儿化读音的标准程度。

2）要求

（1）词语 70% 为《普通话水平测试用词语表》中加星号的词语，30% 为不加星号的词语。

（2）声母、韵母、声调出现的次数与读单音节字词的要求相同。

（3）上声与上声相连的词语不少于 3 个，上声与非上声相连的词语不少于 4 个，轻声不少于 3 个，儿化不少于 4 个（应为不同的儿化韵母）。

（4）词语的排列要避免同一测试要素连续出现。

3）评分

（1）语音错误，每个音节扣 0.2 分。

心相印，语相通，和谐共处乐融融。

（2）语音缺陷，每个音节扣 0.1 分。

（3）超时 1 分钟以内，扣 0.5 分；超时 1 分钟以上（含 1 分钟），扣 1 分。

（4）词语内部音节与音节之间明显读断，酌情一次性扣 0.5～1 分。

（5）双音节词语中重格式处理不当，每次扣 0.1 分。

4）其他规定

（1）应试人发觉第一次读音有口误时可以改读，按第二次读音评判。

（2）应试人如漏读整行，主试人应加以提示。

3. 朗读短文（1 篇，400 个音节），限时 4 分钟，共 30 分。

1）目的

测查应试人使用普通话朗读书面作品的水平。在测查声母、韵母、声调读音标准程度的同时，重点测查连读音变、停连、语调以及流畅程度。

2）要求

（1）短文从《普通话水平测试用朗读作品》中选取。

（2）评分以朗读作品的前 400 个音节（不含标点符号和括注的音节）为限。

3）评分

（1）每错 1 个音节，扣 0.1 分；漏读或增读 1 个音节，扣 0.1 分。

（2）声母或韵母的系统性语音缺陷，视程度扣 0.5 分、1 分。

（3）语调偏误（语调偏误主要指语流中显现的与普通话语调不一致的问题，如音节的调值和调型不准确，词语的轻重格式不恰当，音节的长短不合理，连读音变不自然，语调的轻重、快慢、高低、停连的配置与变化同普通话语调有差异等），视程度扣 0.5 分、1 分、2 分。

（4）停连不当（主要指割裂词语、肢解句子、产生歧义等停连不当问题），视程度扣 0.5 分、1 分、2 分。

（5）朗读不流畅（包括回读），视程度扣 0.5 分、1 分、2 分。

（6）超时扣 1 分。

4. 命题说话，由测试员评定分数，限时 3 分钟，共 40 分。

1）目的

测查应试人在无文字凭借的情况下说普通话的水平，重点测查语音标准程度、词汇语法规范程度和自然流畅程度。

普通话是您出行的第一名片。

2）要求

（1）说话话题从《普通话水平测试用话题》中选取，由应试人从给定的两个话题中选定 1 个话题，连续说一段话。

（2）应试人单向说话。如发现应试人有明显背稿、离题、说话难以继续等表现时，主试人应及时提示或引导。

3）评分

（1）语音标准程度，共 25 分。分六档：

一档：语音标准，或极少有失误。扣 0 分、1 分、2 分。

二档：语音错误在 10 次以下，有方音但不明显。扣 3 分、4 分。

三档：语音错误在 10 次以下，但方音比较明显：或语音错误在 10～15 次之间，有方音但不明显。扣 5 分、6 分。

四档：语音错误在 10～15 次之间，方音比较明显。扣 7 分、8 分。

五档：语音错误超过 15 次，方音明显。扣 9 分、10 分、11 分。

六档：语音错误多，方音重。扣 12 分、13 分、14 分。

（2）词汇语法规范程度，共 10 分。分三档：

一档：词汇、语法规范。扣 0 分。

二档：词汇、语法偶有不规范的情况。扣 1 分、2 分。

三档：词汇、语法屡有不规范的情况。扣 3 分、4 分。

（3）自然流畅程度，共 5 分。分三档：

一档：语言自然流畅。扣 0 分。

二档：语言基本流畅，口语化较差，有背稿子的表现。扣 0.5 分、1 分。

三档：语言不连贯，语调生硬。扣 2 分、3 分。

（4）说话不足 3 分钟，酌情扣分；缺时 1 分钟以内（含 1 分钟），扣 1 分、2 分、3 分；缺时 1 分钟以上，扣 4 分、5 分、6 分；说话不满 30 秒（含 30 秒），本测试项成绩计为 0 分。

（5）离题、内容雷同，视程度扣 4 分、5 分、6 分。

（6）无效话语，累计占时酌情扣分；累计占时 1 分钟以内（含 1 分钟），扣 1 分、2 分、3 分；累计占时 1 分钟以上，扣 4 分、5 分、6 分；有效话语不满 30 秒（含 30 秒），本测试项成绩计为 0 分。

句句普通话，真情传万家。

（四）计算机辅助普通话水平测试规程

完整的操作流程为：考生登录→核对考生信息→试音→考试→提交试卷。

第一步　佩戴耳机

考生入座后，考试机屏幕上会提示佩戴耳麦。

考生戴上耳麦，将麦克风调节到离嘴 2～3 厘米的距离，注意麦克风在左侧：耳麦为头戴式或后挂式，考生需注意佩戴。戴好耳麦后，即可点击【下一步】按钮。

第二步　考生登录

屏幕出现登录界面后，考生填入自己的准考证号。

准考证号的前几位系统会自动显示，考生只需填写最后四位。

填写完成后，点击【进入】按钮登录。

如果输入有误，单击【修改】按钮重新输入。

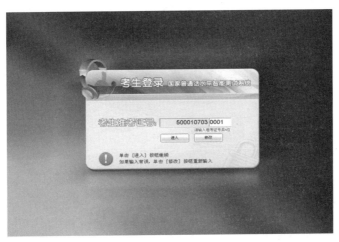

第三步　核对个人信息

考生登录成功后，考试机屏幕上会显示考生个人信息。

考生认真核对所显示信息是否与自己相符，核对无误后，单击【确认】按钮继续。

核对时若发现错误，可以点击【返回】按钮重新登录。

如有其他信息错误，请索要并填写"河北省计算机辅助普通话水平测试考生信息更正单"，交主考老师备案，然后单击【确认】按钮继续。

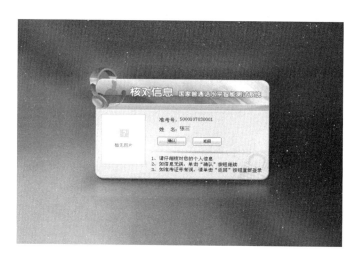

第四步　试音

请在提示语结束并听到"嘟"的一声后，用正常说话的音量朗读主屏中的个人测试信息；

本系统会自动调节，以适应您的音量，您不用做任何操作；

试音结束，系统会弹出提示试音结束的对话框；

点击对话框中的【确认】按钮，进入正式测试程序；

若试音失败，请提高朗读音量重新进行试音。

第五步　测试

测试开始时，每一题都会有语音提示，请在语音提示结束并听到"嘟"的一声后再开始朗读试题内容。

测试时第一题、第二题试题要横向朗读。

朗读试题时注意不要漏行、错行。

完成每项试题后请立即点击右下角【下一题】按钮，防止录入太多空白音影响成绩。

朗读过程中不要说与试题内容无关的话，有问题请举手示意。

第一题页面

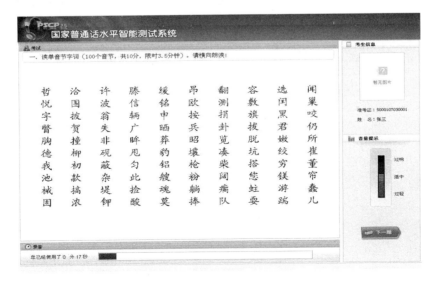

第二题页面

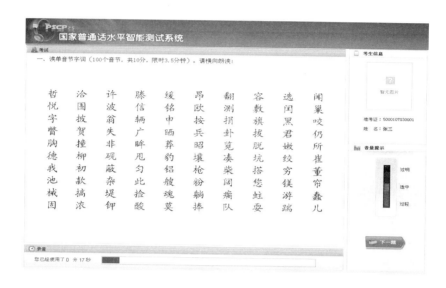

第三题页面

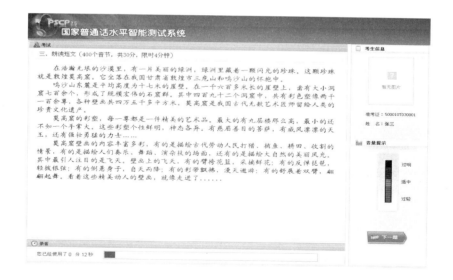

第四题页面

考试结束页面

后——记

　　为了进一步弘扬和普及中华优秀汉字文化，结合中职建筑类学校的教学实际，河北城乡建设学校基础部语文教学团队齐心协力，完成了本书的编写。非常感谢贺海宏校长在审阅此书的过程中给予的诸多建议；感谢编写团队老师们的无私奉献和辛勤付出；感谢各位学校领导和师生们的真情寄语；感谢专业课老师们对建筑词语的热心提供！大家众志成城，只为给莘莘学子精心"烹制"一场文化盛宴，让每个孩子都成长在进步的路上。为了方便老师们开展普通话培训工作，参考《普通话水平测试大纲》的要求，普通话测试的部分内容也纳入了书中。

　　本书在编写过程中借鉴了一些专家学者的观点，同时也参阅了网上资料并将之融会贯通，在此对相关人员一并表示感谢！书稿虽然几经校对，难免有错谬和不足之处，恳请读者提出宝贵意见。